여성사로 읽는
항일
독립
운동

항일여성독립운동기념사업회연구소 편저

도서
출판 **항일여성**

| 일러두기 |

1. 게재된 사진의 출처나 제공을 밝히지 않은 것은 독립기념관, 국사
   편찬위원회, 국가기록원, 국가 보훈처 등의 자료들입니다. 그밖에도
   협조해주신 공공기관 등에 감사드립니다.

2. 부록에 실린 자료들은 되도록 원문과 현대문을 함께 실어 독자들의
   이해를 도모했습니다.

3. 글 안에 약간의 인용도 있으나 일일이 주를 달지 않았습니다. 참고
   문헌 등을 이용해주시기 바랍니다.

4. 부록에 약간의 관련 자료와 항일여성독립운동기념사업회 소개를
   실었습니다. 참고해주시기 바랍니다.

이 책은 2020년도 국가보훈처의 보조금 지원으로 이루어진
것이나 그 내용은 국가보훈처의 견해와 다를 수 있습니다.

여성사로 읽는 항일독립운동

　　"여성사로 읽는 항일독립운동"이란 제목의 책이 출판된다고 하니 그저 마음이 뜨겁고 기쁩니다. 이제 여기서 그간의 항일여성독립운동기념사업회를 잠시 돌아보니, 본회가 닻을 올린 지 벌써 6년이라는 적지 않은 세월이 흘렀고 그 흐름에 정식 법인체가 된 지도 3년이 다 되어 갑니다. 2014년 3월 출범 당시 정부에서 여성독립운동가로 서훈된 분이 총 13,268명 중 240여명으로 2%에도 미치지 못하던 여성독립운동가가 해마다 증가하여 2020년 9월 현재 독립유공자 16,282명 중 여성은 488명(3%)에 이르렀습니다. 서훈이 시작된 이래 수십년이 지난 최근 몇 년 사이에 그 비율이 눈에 띄게 증가한 셈입니다. 어쩌면 정말 급증한 것이라 할 만한 이 때, 우리 단체가 이에 크게 기여한 것이 아닌가 생각하면 더욱 뿌듯하기 그지없습니다. 아울러 이번에 출판되는 『여성 사로 읽는 항일독립운동』은 본 단체로서는 마음 설레는 기쁜 일이라 해도 그리 과언이 아니라는 생각도 하게 됩니다.

　　그간 본 회는 매년 8.15 광복절 기념 '추모문화제'와 더불어 "항일여성독립 운동가초상화" 전시사업 등을 꾸준히 진행하면서 이때 필요한 초상화 자료집. 『오늘 그들 여기에』(2019)를 제작해서 활용해 왔습니다. 항일독립운동여성상 "혁명전야"도 배재어린이공원에 2019년 처음 설립한 이래 충남 홍성의 홍예 공원, 서울 배화여고 교정에도 세웠습니다.

　　이런 가운데 신영숙 소장이 그간 성실하게 축적하신 연구 활동의 열매로 "항일여성독립운동연구소"를 탄생시키시고 이제 도서출판 '항일여성'도 설립

하여 여기서 『여성사로 읽는 항일독립운동』이라는 책을 발간하게 되었으니 그 뿌듯함이 남다를 수밖에 없습니다

　신영숙 소장을 비롯하여 그동안 연구소에서 성실하게 함께 하신 강정숙박사, 강영심박사, 그리고 이선이, 이숙화, 이종민 박사들의 뛰어난 필력을 바탕으로 이 책을 출간하게 되니 그 수고에 기쁜 마음으로 아낌없는 박수를 보내드립니다. 필자 선생님들께서 항일여성독립운동에 대해 주제별 각별한 연구 작업으로, 깊은 이해와 인식이 기반이 되어 나온 이 책은 그 의미가 또한 특별하며, 앞으로 계속 작품으로 빛을 보리라 생각합니다.

　어느 사학자님께서 초산의 책을 출간하시고 하신 첫말씀! "내 어머니께서 나를 낳으실 때 이렇게 힘드셨을까?!" 이런 표현이 너무 지나칠까요?

　"역사를 모르는 민족에게는 미래가 없다", "역사는 기억하고 기록하는 힘에 의해서 만들어진다"라는 명언들!을 다시 한번 가슴에 새겨봅니다.

　묻혀지고 잊혀져가는 항일여성독립운동가의 삶을 발굴하고, 기억하여, 복원하고, 지키는 것은 자랑스러운 우리 독립운동사의 긍지요 자부심으로, 깨어있는 시대정신의 첫 발걸음이라 하겠습니다. 이런 의미로 이번 출간되는 책은 학술 연구도서로 뿐 아니라 항일여성 선구자들의 남다른 희생적 삶이 이 시대의 거울이 되어 독자들의 애독서가 되기를 기원합니다.

　그간 남다른 성실함과 꾸준함으로 우리 여성독립운동사 연구에 힘써 오신 신영숙소장님! 그리고 필자 선생님들의 앞으로 더욱 큰 걸음을 의심치 않고 기대합니다! 자랑스럽습니다! 수고 많으셨습니다. 고맙습니다!

2020. 12. 5.

(사)항일여성독립운동기념사업회 이사장 김 희 선

『여성사로 읽는 항일독립운동』 책을 내며

2020년 해를 넘기기 전에 항일여성독립운동기념사업회에서 첫 도서를 출간하게 되었다. 2014년 3월 1일 창립 후 근 6년이 되어서야 책이 나오게 되어 늦은 감이 없지 않지만 또한 기쁘기도 하고 설렌다. 본 회에 연구소가 출범하기는 2년이 되고, 앞으로도 계속해서 도서를 출판할 계획이므로 출판사 '항일여성'도 올해 등록을 하여 본서가 첫 작품이기도 하다. 그래서 이번 책은 여러 가지로 의미가 있는데, 독자들에게도 모쪼록 잘 읽히기를 바라는 마음뿐이다.

보훈처의 2020년도 학술회의 및 문헌발간 지원사업에 선정되어 작업을 시작한지 3,4개월 만에 성과를 올릴 수 있었던 것은 본 회의 이사장 김희선님과 대표 송형종님, 그리고 시작에서부터 마칠 때까지 여러 가지 도움을 주신 기획사업분과위원장 남상만님과 사무실 직원들의 관심과 격려가 있어 가능했다. 진심으로 감사를 드린다.

본서의 내용은 책 제목 『여성사로 읽는 항일독립운동』 그대로이다. 6명의 연구원들이 맡은 소주제는 1. 여성의 눈으로 본 항일여성독립운동(신영숙), 2. 사회주의 항일여성운동(강정숙), 3. 대종교 여성들의 항일운동(이숙화), 4. 중국으로 간 항일여성독립운동가 이화림의 삶과 투쟁(이선이), 5. 항일여성운동가와 수감생활(이종민), 6. 일제강점기 대한민국임시정부에서 활동한 부부독립운동가(강영심) 등이다.

좀더 설명을 덧붙이자면 1장은 기존의 항일여성독립운동을 개략적으로 소개하고 여성독립운동(가)에 대한 인식의 폭을 넓히는 동시에 새로운 시각으로 재조명해 보고자 하였다. 2장은 이미 사건이나 인물별로 연구된 바가 적지 않으나 이번 기회에 사회주의 여성독립운동을 전체적으로 조망하여 일반에게 널리 알리고 앞으로 나아갈 연구 방향 제시와 심화 등을 모색하고자 하였다. 3장도 비슷한 생각으로 기획하였는데, 특히 당시 민족 종교로 항일독립운동에 적극적으로 참여한 대종교에서 여성의 역할과 활동에 대한 발표는 처음이 아닌가 한다. 이 글을 통해 대종교와 여성에 대한 이해가 한층 높아질 것이다. 4장 중국 지역의 여성독립운동도 나름 상당 부분 알려지긴 하였지만 실제 인물이나 활동에 대해 구체적으로 아는 바는 많지 않다. 이화림의 활동을 중심으로 중국지역 항일여성독립운동을 구체적이면서도 개별적으로 다시 들여다보기 위한 하나의 작업이 된다. 5장의 항일여성활동가들의 수감 생활은 지금까지 거의 연구 소개된 바가 없는 성과물 같다. 기존 자료를 찾아 좀더 구체적으로 직접적으로 당시 여성들이 부딪친 곤경을 살펴보는 동시에 그 어려움을 좀더 가깝게 체험하고 기억한다는 점에서 의의가 크다. 끝으로 6장의 대한민국 임시정부에서 활동한 부부독립운동가들에 대한 연구는 최근 여성독립운동에 대한 새로운 시각을 반영하여 실제 당시 그들 부부가 처한 조건과 상황과 함께 역할과 활동의 의미 등을 살펴봄으로써 젠더적 관점을 살린 여성독립운동(상)을 정립해가는 데 기여할 것이다.

　이상의 기획과 내용이 여성사가 늘 맞닥뜨리는 문제, 즉 자료의 부족 등으로 충분히 잘 서술되고 이해를 구할 수 있을지, 여전히 의문을 갖기도 한다. 다만 이같은 여성독립운동에 대한 새로운 제안과 시도 자체가 큰 가치와 의미를 가질 수 있다는 생각으로, 동시에 필자들의 최선을 다한 노력으로 본서를 세상에 내놓게 된 것이다. 또한 처음 기획에서는 일반 여성들에게 독립운동을 알린다는 대중서의 성격으로 접근하고자 하였으나, 막상 책을 내는 지금 시점에서는 연구서의 성격도 상당히 갖게 된 것 같다. 어쨌든 연구자를 포함한 많은 여성들에게 이 책이 읽히기를 바랄 뿐이다. 혹시라도 내용에 오류가 있을 경우 너그러운 마음으로 언제라도 알려주시기를 바란다.

또한 독자들의 이해를 돕기 위해 부록으로 몇가지 자료를 첨부하였으며 항일여성독립운동기념사업회의 단체 연혁도 책 말미에 실었다. 독자들의 관심과 응원을 바라는 소박한 마음의 표시라고 양해해주시기 바란다. 아울러 앞으로 더 좋은 성과로 독자들을 만날 수 있도록 노력할 것도 다짐해본다. 짧은 기간 필자들의 수고에 진심으로 감사한다. 또한 편집을 맡아주신 디자인 포인트의 한화금실장님에게도 특별한 감사를 드리며, 응원해주시고 협조해주신 기념사업회 박소리팀장과 모든 분들에게 감사드립니다. 고맙습니다.

2020. 12.

(사)항일여성독립운동기념사업회 연구소장 신 영 숙

목차

여성사로
읽는
항일독립운동

I

여성의 눈으로 본
항일여성독립운동

신 영 숙

01 들어가며

위의 헌장 정신에 따라 여성의 가정 안에서 역할과 책임을 남녀 공유, 임신과 출산에 대한 여성 보호, 동등한 경제 활동 참여와 고용과 임금에서 동등한 권리와 기회 공유, 그리고 시민적 정치적 권리 행사, 그밖에도 평등하고 민주적인 문화와 환경보존, 한반도의 항구적인 평화체제 정착을 위한 공동의 노력과 국제적인 연대 강화 등 새로운 시대에 걸맞은 남녀관계 정립을 위해 21세기 남녀평등헌장이 여성가족부 출범 직후인 2001년 7월 1일에 공포되었다.

되돌아보면 20세기를 전후하여 국가와 민족이 위기에 처했을 때마다 여성들이 각성하고 국민의 일원으로 남성과 동등한 역할이 있다고 나섰을 때에도 기본적으로 같은 제안이 있었다. 그때와 비교하여 100여년 간의 멀고 험한 여정을 따라가 보고자 한다.

3.1운동 100년이 넘은 현시점에서 여성독립운동 서훈자의 비중이 남성에 비해 현저하게 낮고 서훈의 등급 역시 낮다. 2020년 9월 현재 독립유공자 16,282명 중 여성은 488명(2.99%)이다. 2014년 13,268명 중 여성 241명(1.81%)에 비하면 그나마 증가한 것이라고 할 수 있으나 아직 여성은 투쟁에 기여한 만큼 유공자로 기림을 받지 못 하고 있다. 여성독립운동의 활동이나 기여에 비해 턱없이 낮은 것이다.

이는 여성이 남성에 비해 실제 참여가 낮아서라기보다 독립운동에 대한 기존의 역사적 해석이 온전히 남성 중심이었기 때문이다. 우선 독립운동에 대한 새로운 시각의 모색, '여성독립운동에 대한 재조명'의 필요성을 절감한다.

여성의 활동이 남성과 같은 기준으로 동일선상에서 비교되어서는 안 된다. 즉 여성이 남성과 나란히 같은 활동에 나선 것도 적지 않지만, 여성 고유의 '살림' 살이로 민족독립운동에 충분히 참여하였다는 것이다. 독립운동에서 여성들만의 역할에 대한 '새로운 평가'와 '역사적 의의'를 재정립하고자 한다. 여성들이 독립운동에 직접 참여한 것은 물론 이른바 사적인 영역에서 민족의 최소단위인 가족의 개별 구성원을 양육, 교육함으로써 독립운동가와 국민을 지속적으로 양성한 것이다.

이러한 여성의 고유한 역할은 바로 민족을 살리는 원동력이었음을 간과해서는 안 된다. 이것이야말로 독립운동의 기반이 되었음을 확인하는 동시에 오늘의 여성문제 해결에도 시사하는 바가 적지 않을 것이다.

02 여성도 인간이며, 민족의 일원이다

여성의 교육과 사회 참여

개항 이후 19세기 말 여성들은 자신들의 사회적 처지를 깨닫고 종래의 봉건적 가부장제의 굴레를 벗어나려는 움직임을 싹틔우고 있었다. 일찍 들어온 천주교는 억압받는 피지배층 민중, 특히 여성들에게 종래의 폐쇄적인 생활에서 벗어날 수 있는 기회를 제공할 수 있었다. 1882년부터 공인된 개신교도 여성교육과 의료사업을 통한 활발한 선교활동으로 참신한 자극을 주었다. 이같은 영향으로 여성들이 학교와 교회, 나아가 사회로 점차 진출할 수 있었던 것이다. 또한 동학사상은 여성이나 아이도 똑같은 한울님으로, 남자와 동등한 존재, 즉 여성도 인간이라는 새로운 의식을 강조하면서 사회 변화를 선도해나갔다. 동학농민전쟁의 일정한 성과에 따라 1894년 갑오경장에서 조혼과 여성의 재가금지가 제도적으로 폐지되는 쾌거를 이룰 수 있었다.

이 시기 여성교육은 양적으로는 미미하였지만, 사회적 관심사로 상당히 주목받았다. 독립신문은 물론 당시 제국신문, 매일신보, 황성신문 등 각종 언론기관이 여성의 사회적 역할을 강조하며 여성교육의 일익을 담당하였다. 또한 여자교육회의 『여자지남』, 자선부인회의 『자선부인회잡지』, 그밖에도 신민회의 『가정잡지』 등 여러 사회단체의 회지 및 여성용 잡지들이 모두 여성의 교육과 사회활동을 촉구하였다.

최초의 여성용 한글잡지 : 가정잡지
(1906년 6월 26일 창간, 상동교회)

　기독교계 여학교가 1886년의 이화학당을 비롯하여 매화학당, 정신여학교 뿐만 아니라 천주교 수녀들의 교육활동도 일정하게 증가해 갔다. 또한 서울 양반층 여성들이 최초의 교육 단체 찬양회를 결성, 1898년 '여학교설시(設施)통문(여권통문)'을 발표하고, 순성여학교를 설립하는 등 열의를 보였다. 동시에 명성황후 사후 뒤를 이은 엄비가 여학교 설립에 기부금을 내는 등 뜻 있는 몇몇 인사나 단체의 후원 등으로 사립여학교가 상당수 설립될 수 있었다. 그러나 대부분 운영 경비의 부족과 교사확보 등의 문제로 오래 가지 못 했다. 그래도 진명, 숙명, 동덕여학교 등이 성장해 갔다. 당시 여성교육의 취지는 어디까지나 부국강병, 애국계몽의 일환임을 천명하고, 대체로 근대적 성 역할 분담론에 서 있었다.

　한편 이른바 산업화 체제가 점차 구축되면서 여성도 가정 밖으로 나와 사회경제 노동에 참여하기 시작하였다. 1900년 조선정부 전환국과 한성제직회사에서 여공을 모집하기 시작한 이래 제조업 여성노동자가 점차 증가하였다. 그밖에도 자영업, 특히 상공업에 종사하는 여성들도 등장하여 술이나 장 담기, 재봉 등 종래 여성들이 가정에서 하던 일이 사업으로 나가는 것도 시도되었다. 자혜부인회 같은 여성단체는 의지할 곳 없는 여성들에게 수공을 가르치고, 기술을 전습함으로써 자활의 길을 찾아갈 수 있게 하였다.

여권운동과 구국운동

당시 가부장제 안에서 부모의 압제나 강요에 의한 조혼, 강제혼, 매매혼 등 각종 혼인의 폐해가 계속되는 가운데서도 이에 대한 저항, 또는 비판과 함께 신식 혼인 내지는 혼례 간소화가 나오기도 하였다. 교육 단체 찬양회와 더불어 여우회(女友會)는 경복궁 앞에서 축첩 반대의 연좌시위를 벌이기도 하였다. 당시 축첩과 조혼 반대 등을 통해 가부장제에 저항하는 최초의 여권운동이라 할 수 있다.

여성은 나아가 항일구국을 위한 전국의 의병운동에도 참여하게 되었다. 1895년 명성황후의 시해에 대한 분노와 국가 민족의 위기 속에 일어난 의병 투쟁에 여성들도 함께 나선 것이다. 의병들의 숙식을 제공하는 것은 물론 화약 무기 등을 제조하는 데도 일조하였다. 강원도 춘천이나 충청도 제천 등지에서는 직접 의병투쟁에 나서기도 하였다.

특히 춘천의 의병장 유인석의 조카며느리 윤희순은 청년, 여성들을 독려하는 의병가, 청년가, 안사람의병가 등을 지어 항일의식을 고취하였으며, 훈련장을 제공하는가 하면 주위의 여성들을 모아 몸소 투쟁에 나섰다. 윤희순은

의병장 윤희순 상
(춘천 소재)

시부모를 모신 며느리이자 자녀를 둔 어머니로 집안일을 감당하면서 구국 투쟁에 나선 여성의병장이었다. 남편이 의병으로 죽은 뒤 두 아들을 데리고 만주로 망명하였다. 여성 교육기관 노학당(勞學堂)을 설립하고, 항일투쟁을 계속하다 일생을 마감하였다.

1907년 국채보상운동
참여 여성들
(대구여성가족재단 제공)

또한 국채보상운동에도 여성들은 적극적으로 참여하였다. 조선의 경제적 독립을 위협하는 문제를 타결하기 위해 1907년 2월 중순 대구에서 시작된 이 운동은 남성들의 단연(斷煙) 운동 이후 전국적으로 확산되어 갔다. 연말까지 서울의 부인감찬회 등 전국 각지의 30여 단체에서 금반지, 비녀, 은수저 등 각종 패물뿐 아니라 바느질삯까지 기부하였다. 평안남도 삼화에서는 안중근과 모친 조마리아도 동참하였다. 노동자·기생·백정 등 신분 고하를 막론한 범국민적 모금운동은 의식 계몽과 맞물려 활발히 전개될 수 있었다. 여성들에게는 자긍심 내지는 사회의식도 키워줌으로써 이후 계속되는 항일민족운동에 더 많이 참여할 길을 열어준 기틀이 되었다.

03 민족해방,
여성해방을 꿈꾼 여성의 항일독립운동

여성항일독립운동은 한국사회를 근대 민족주의에 입각한 국민국가로 변화, 발전시키고자 하는 열망과 맞물려 있다. 1919년 3·1운동을 계기로 그 이전부터 싹터온 여성해방의 기운이 일반 기층 여성에게도 점차 확산되었고, 이른바 민족주의계와 사회주의계 여성들의 다양한 여성 단체 조직과 활동이 활발히 전개되어 갔다. 이같은 여성운동은 식민지 지배에서 벗어나야 한다는 민족의 독립과 더불어 가부장제의 억압에서 여성의 해방이라는 양대 과제를 떠안은 것이었다. 그러나 일제의 악랄한 탄압과 여성이란 젠더적 특수성으로 의도한 만큼 큰 성과를 올리기에는 한계가 있었다. 그럼에도 불구하고 민족 독립운동에 능동적으로 참여한 여성들은 기본적으로 여성 교육과 의식화운동, 생존권 투쟁과 단체운동, 무장 투쟁 등 다양한 활동을 전개해 나갔다. 시기별, 주제별, 지역별 활동 양상의 대략적인 윤곽을 우선 살펴본다

3.1운동[1]과 여성

1919년 3월 1일 항일 만세 시위운동은 일제 억압에서 해방되려는 전민족

---

1) 항일여성독립운동기념사업회에서는 3.1운동이란 용어에 대해 3.1혁명이란 이름으로 정명하자는 운동을 전개하고 있다. 그러나 아직 기존 역사학계에서나 일반 사회에서 3.1운동이란 것이 광범위하게 쓰이고 있어 본고에서는 그대로 쓰기로 한다.

3.1운동 참여 기생(해주)
(매일신보, 1919. 4. 5.)

민중의 봉기였다. 이때 여교사와 학생을 비롯한 신여성뿐 아니라 기생, 농어촌여성 등 전국 곳곳의 여성들이 만세를 부르며 적극적으로 동참하였다. 3.1운동의 상징이라 할 유관순 열사가 옥중에서 순국한 것도 바로 이때였다. 여성들은 이미 민족독립운동에 참여할 만한 저력을 갖고 있었던 것이다.

　일본 유학생들의 도쿄2.8독립선언에 참가했던 김마리아와 황에스터, 나혜석 등은 전국을 돌며 3·1운동에 여성들의 참여를 체계적으로 끌어냈다. 이미 평양에서 1913년 비밀리에 조직된 송죽회 등 여성들의 조직 활동 경험에 힘입은 바도 크다.

송죽회를 조직한
황에스터

『상록수』의 주인공 최용신
(1909~1935)과 함께

송죽회 김경희 서거
(독립신문, 1919. 10. 2)

송죽회와 김경희
(김경희, 앞줄 왼편,
숭의여자고등학교 제공)

　비록 3.1운동이 일제의 무력적 강압에 의해 좌절되고 말았지만, 1919년 4월 11일 상하이에서 바로 대한민국 임시정부(이하 임정)가 수립되었고, 의정원 헌장에 여성의 참정권 등 남녀평등 조항이 처음으로 명기, 법적으로 보장

**3.1운동 참여
기생 기사
수원의 김향화**
(매일신보,
1919.3.31,6.20)

되었다. 이것이야말로 여성사적으로 볼 때 가히 혁명적인 성과를 이룬 것이라 할 수 있다.

각지의 대표적인 여성 인물로는 광주 수피아여학교 학생으로 수감자 중 최연소였던 최수향, 수원의 기생으로 운동을 주도한 김향화, 북한의 유관순이라고도 일컬어지는 동풍신, 사회주의 운동가 정종명의 어머니 등도 참여하였다.

대한민국애국부인회 임원들
(동그라미 가운데 김마리아, 김마리아기념사업회 제공)

동시에 여성들은 대한민국애국부인회를 재조직하여 임정을 본격적으로 돕기 시작하였다. 군자금 모금과 송금, 국내외의 연락, 수감자와 가족 보살피기 등 임정과 긴밀한 연계를 가지고 활동에 박차를 가하였다. 그러나 몰염치한 회원의 배신으로 조직이 노출되면서 김마리아를 비롯한 여성운동가들이 대거 검거, 투옥되었다. 이후 이들은 해외로 망명해 투쟁하거나 물산장려운동과 농촌계몽운동 등에 참여, 여성의 의식계몽, 생활개선과 한글교육 등에 주력하였다.

3.1운동은 반제반식민 민중 봉기로 세계사적으로도 높은 평가를 받고 있다. 당시 윌슨의 민족자결주의와 러시아 혁명에 성공한 사회주의의 선풍이 조선에도 큰 영향을 미쳤다. 조선 민중이 과감하게 일어나 일제에 항거하였으며, 특히 여성들의 대거 참여가 큰 의미를 갖는 것이다. 비폭력 투쟁으로 인한 수많은 인적 희생 등은 그 유례를 찾기 어려운 것이며, 중국의 5.4운동 등 세계적인 반식민투쟁에 일정한 영향을 미치기도 하였다.

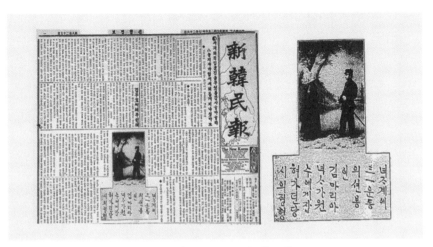

김마리아, 대한민국애국부인회 사건으로 체포(신한민보 1923년 7월 26일)

여성단체의 항일운동

여성 교육과 생활개선

1920년대 여성운동은 크게 기독교 중심의 민족주의계와 사회주의계로 나뉘어 단체를 조직하고 민족 해방과 독립을 위한 사회운동에 주력했다. 우선 민족주의계 여성들은 실력양성운동에 발맞춰 여성 교육과 함께 국산품 애용, 여성 권익 향상을 위한 경제 활동 등에 초점을 맞추었다. 차미리사의 조선여자교육회와 여자기독교청년회(YWCA) 등이 대표적이다.

미국 유학 시절의 차미리사

1920년에 창립된 조선여자교육회는 학교에 가지 못한 가난한 여성들을 대상으로 야학을 열고, 격주로 『여자시론』을 발간하는 등 교육을 강조하였다. 이외에도 전국 각처에서 여자청년회 등 일반 사회단체와 함께 한 여자 교육운동은 활발한 편이었다. 예컨대 태화여자관, 여자엡윗, YWCA 등은 음악, 무용 등 각종 공연을 겸한 토론회와 강연회를 펼쳤고, 이것은 당시 여성운동의 견인차가 되었다.

이때 물산장려운동에도 여성들이 참여하여 명주나 무명옷을 입는 등 국산품 애용에 앞장섰다. 또한 1929년부터 조선일보에서 시작된 문자보급운동, 1931년 동아일보의 '브나로드'[2) 운동도 방학을 이용한 여학생들의 적극적인 참여로 사회적 호응을 얻어냈다. 1932년 12월에는 여학교 교원 등으로 조직된 망월구락부가 일정한 직업을 가진 여성이면 누구나 참가할 수 있는 '조선직업부인협회'로 개편되었다. 직업소개, 저축, 사교, 조사 등의 부서를 두고 직업여성의 권익 옹호를 위해 활동하였다.

동아일보와 조선일보의 문자보급운동

---

2) '브나로드' : '인민에게로'라는 뜻의 러시아어. 19세기 말 러시아에서 유행한 인텔리들의 농촌계몽운동.

3.1운동 전후 여성운동에는 기독교의 영향이 비교적 컸다. 이화, 정신, 배화 등 기독교계 학교의 교사와 학생들의 활동은 기독교 정신에 입각한 여성운동으로 계속되었다.

3.1운동에
참여한 이화학생들

정신여학교 교사들과 학생들
(김마리아선생기념사업회 제공)

배화여고 교정에 세워진 항일여성상 "혁명전야"
100년 전 배화여학교의 만세시위를 기념하여 2020년 8월 5일에 본회가 함께 한 제막식 행사

여성해방과 민족의 독립

사회주의계 여성운동은 1922년 4월 발족한 조선여자고학생상조회로부터 시작한다. 정종명 등이 빈민여성을 대상으로 재봉과 바느질 등 스스로 학자금을 마련하여 공부도 할 수 있게 한다는 취지로 결성되었다. 또한 1924년 최초로 사회주의 여성해방론을 내세운 조선여성동우회가 조직되었고, 각 지방에서 여자청년동맹 같은 단체도 출범하였다. 이들은 여성의 단결을 표방하면서 여성문제의 궁극적 해결을 '신사회 건설'이라는 사회주의 실현에 두었다. 창립된 지 1, 2년 만에 40여 개의 여자청년회를 조직하고 활동할 만큼 호응을 얻었다.

1925년 허정숙, 김필순 등의 경성여자청년동맹을 비롯하여, 인천, 평양 등지에서 다수의 여성단체들이 조직되고 투쟁적 교양, 조직적 훈련, 무산여자청년의 단결과 상호부조를 주목적으로 하였다. 그밖에도 박원희, 김보준 등의 경성여자청년회가 활동하다가 1926년에 중앙여자청년동맹으로 합쳐지고, 곧이어 1927년에는 근우회로 민족주의계와 통합하게 된다.

사회주의계 여성운동은 당시 세계적 조류를 반영하였다. 그러나 소수 지도

층 여성의 열의는 컸으나 대중적 지지 기반이 약한 탓에 뿌리를 깊이 내리지는 못했다. 그래도 근우회 활동을 적극적으로 이어간 것은 이들의 노력이 컸다고 할 수 있다. 여성해방이나 사회해방을 위해서도 민족 해방과 독립을 우선해야 한다는 데 뜻을 같이 하였기 때문이다.

1924년 5월 조직된 조선여성동우회 회원들

근우회와 여학생운동

1927년 5월 27일 근우회는 서울 조선여자기독교청년회연합회(YWCA) 강당에서 회원 150명, 방청인 1,000여명의 참석 아래 창립식을 가졌다. 지난 2월 열렬한 사회적 관심과 지지 속에 탄생된 신간회와 같은 선상의 여성통합조직이었기 때문에 사회의 주목을 끌었다. 여성의 단결된 힘으로 여성의 지위향상과 민족의 독립을 위해 투쟁하겠다고 선언하였다.

일제의 눈을 의식해 '무궁화 자매 모임'이라는 뜻의 근우회(槿友會)는 일본에서 귀국한 최은희, 황신덕, 유영준이 앞장서고, 김활란, 손메례, 방신영 등 민족주의계 여성과 주세죽, 박원희, 정종명 등 사회주의계 여성들이 뜻을 모아 함께 하였다. 이미 3.1운동 이후 YWCA(김활란), 불교여성회(우봉운) 등 종교

단체들과 조선여자교육회, 여자고학생상조회 등 교육, 계몽단체, 그리고 여성동우회를 비롯한 여러 조직들의 분산된 힘을 모을 필요성을 절감하고, 유일당운동이라는 사회적 기대에 부응하여 탄생한 여성의 통합, 통일 조직이었다.

창립대회에서 21명의 집행위원과 서무·재무·선전조직·교양·조사·정치연구부 등 6개 부서를 두고 조직 3년 안에 국내외 60여개의 크고 작은 지회에는 여교사, 기자, 의사, 학생 등 이른바 신여성과 여성농민, 노동자, 주부에 이르기까지 각계각층의 여성들이 대거 참여하였다.

근우회 경성지회 설립대회(동아일보 1928. 4. 2)

행동 강령은 일제의 민족적 억압과 차별은 물론 여성에 대한 봉건적 가부장제 모순과 불합리에 대한 일체 철폐를 명시하였다. 농민부인의 경제적 이익 옹호, 부인노동자의 임금차별 철폐 및 산전산후 2주간의 휴양과 임금 지불 등 지금도 유효한 조항들이 들어 있다. 근우회의 조직적 활동을 통해 봉건적 폐

습과 식민지 지배로부터 여성해방과 민족독립을 쟁취하기 위한 노력의 소산
이라 할 수 있다. 1931년까지 일제하 최대의 여성운동 조직으로 이념에서나
실제 활동 면에서 확실한 정체성을 보여줌으로써 한국여성운동사상 일획을
그은 것임에 틀림없다.

서울여학생만세시위운동(근우회 사건)에 법정 구속 기사 (중외일보 1930. 2. 11.)

근우회는 특히 1929년 11월 광주학생운동의 배후에서 지도를 하였을 뿐 아
니라 1930년 1월에는 서울 시내 사립 중등학교 학생들의 항일만세시위를 펼치
는데 주력하였다. 이화여고보, 배화여고보를 비롯하여 경성여자상업, 진명여고

보, 숙명, 정신, 동덕, 경성보육, 근화, 실천 여학교 등 13개교 여학생들이 근우회의 지도 아래 일제히 궐기하였던 것이다. 당시 총 검거된 학생 380명 중 여학생이 100명을 차지하였다. 근우회사건 또는 허정숙 사건으로 불린 이 운동의 결과 구속자 34명, 불구속자 55명이 보안법 위반 및 치안유지법 위반으로 기소되었는데, 모두 여성이었다.

서울여학생운동을 지도한
근우회 허정숙
(동아일보 1930. 2. 20).

그런 만큼 이 사건은 근우회 활동 중 가장 두드러진 것이었을 뿐 아니라 1929년 11월 광주학생운동과 함께 학생운동으로 기억되어야 할 것이다.

이후에도 계속된 동맹 휴학, 백지동맹 등 여학생운동은 주로 무자격 교원 및 일인 교사 배척, 시설 충실과 학생에 대한 대우 개선, 일제의 축제일인 기원절, 명치절 행사 거부를 주장한 것으로 민족운동과 궤를 같이 한다. 이 같은 1930년 전후의 여학생 운동에는 1920년대 초기부터 활발했던 사회주의 운동의 영향이 컸으나, 이 역시 일제의 탄압이 심해지면서 해외로 망명하거나 지하에 잠입함으로써 전시체제 아래 활동은 더욱 어려워져 갔다.

한편 평양지회의 조신성이 평양근우회관 설립이라는 쾌거를 이룬 뒤 1931년 중앙집행위원장이 되어 당시 여성의 의욕과 열정을 불사른 것도 큰 의미가 있다. 그러나 일제의 전쟁 야욕 속에 강화된 적극적인 탄압과 내부 노선의 이견 등에 의해 1931년 이후 근우회 활동은 점차 정체되어 갔다. 결국 신간회 해체에 이어 1931년 공식적인 해체 발표도 못한 채 유야무야되고 만 것은 한국여성운동사의 유감이 아닐 수 없다.

여성노동자(여공)의 생존권 투쟁

여성 노동자, 즉 여공은 뚜렷한 증가 현상을 보인다. 일본 대기업에 의한 여공의 수요는 계속 확대돼 갔다. 주로 16-20세의 건강한 여성들이 유입돼, 대체로 어려운 기술을 요구하지 않는 경공업 분야에서 값싼 노동력으로 기업 이윤을 극대화하려는 일제 수탈정책의 결과였다. 피폐해져만 가는 농촌 여성들은 생계를 위해 도시로, 공장으로 살길을 찾아 나설 수밖에 없었다. 저임금 장시간 노동에 걸맞은 순종적이면서도 미숙련 임금노동자가 되었다.

1930년대 총동원체제에 접어들면 전체 제조업 노동자 중 여공 비율이 3할 이상을 차지하였다. 특히 방직 여공은 전체 여공의 5할, 고무신 제조업과 성냥 공장의 여공은 2할 이상으로 거의 16세 미만의 유년 여공들이었다. 정규 교육을 받지 못한 여성들로 겨우 문자를 해독하는 정도가 대부분이었으며, 기숙사 생활을 하는 미혼 여공과 집에서 출퇴근하는 기혼 여공들도 있었다. 그들의 임금은 민족적, 성적 이중 차별로 매우 낮았고 열악한 작업 환경과 형편없는 기숙사 식사에 대부분 하루 2교대의 장시간 노동은 건강에도 거의 치명적이었다.

뿐만 아니라 유년 여공들은 남성 감독에 의해 성적 희롱과 폭행 등도 감수하여야 하였고, 작업 중에 발생하는 외상과 결핵 등 각종 직업병을 앓곤 하였다. 그래도 일정한 시험이나 엄격한 자격 제한이 없어서 경쟁은 치열하였고 취업조차 쉽지 않았다. 대부분 고용주와 부모 사이에 계약이 이뤄짐으로써 취직이나 퇴직을 자유롭게 할 수도 없었다. 또한 이들의 수입은 가계 보조나 가족의 생계 보조를 위한 것이라 하여, 여성 가장이라 해도 전혀 고려 대상이 될 수 없었다. 이른바 '영원한 유년공' 보조자로 낙인찍힌 그들 견습공의 최저 임금은 본직공이 된 후에도 성과급을 받으며 크게 나아지지 않았다.

한편 선미, 고무, 연초 공장 등에는 출퇴근하는 기혼 여공도 많았는데, 이들은 더 싼 임금을 받으며 육아를 포함한 가사노동까지 과중한 노동을 견뎌야

했다. 특히 고무신 공장에는 30세 전후의 기혼 여성들이 물가상승에 따른 임금 인하. 불량품 배상제 등 각종 벌금제도 등에 지쳐만 갔다. 이런 상황에서 조금이라도 자신들의 생활을 개선하기 위한 동맹파업, 단식투쟁 등 이른바 여공의 생존권 투쟁은 1920년, 1930년대에 계속되었다.

강주룡(1901-1931)과 고무여공 파업

평양의 평원 고무공장에서는 1931년 5월 28일 파업이 시작되어 29일 새벽 강주룡이 모란대 공원 안 지상 약 6.5미터 높이의 을밀대 지붕 위에 올라가 임금 감하 반대 파업을 선동하며 격렬한 연설을 하였다. 평양 시민들의 관심을 끌기 위해 사상 최초의 고공 투쟁을 벌인 것이다. 30일 구류처분을 받은 그는 78시간 식음을 전폐하며 침묵 항의도 했다. 공장은 직공 14명을 해고하고 새로 취업한 여공들이 작업하게 하였다. 강주룡 등 검속 직공 4명은 단식동맹을 시작하였고, 6월 4일 평양 백선행기념관에서 다시 2,000명의 고무직공대회를 개최하고 파업자금을 모금하였다. 동맹 파업에 금강, 국제 고무 여공 200여

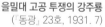

을밀대 고공 투쟁의 강주룡
(『동광』 23호, 1931. 7)

명도 합세하였다. 마침내 기업주들은 임금 인하는 더 이상 하지 않기로 하고, 20여일간의 파업이 해결되었다. 당시 그는 검거된 후 미결수로 4개월의 옥중 생활 끝에 30세에 병사하였다.

그밖에도 부산 지역 등 고무여공 파업은 처절하였다. 아이들을 동반한 기혼 여성들은 끈질기게 장기간 단식 동맹 등으로 치열한 생존권 투쟁을 벌였다.

제사 방직 여공 파업

함흥의 편창, 대전의 군시, 전주, 강릉제사공장 등 일본의 대기업의 16-18세 제사여공들은 1928년부터 1932년 말 사이에 가혹한 저임금에 동맹 파업을 전개하였다. 14시간 노동에 임금은 15전인 처지에서 대우 개선, 임금인상, 시간 단축 등의 요구는 너무나 당연한 것이었다. 1933년 9월 종연방적회사 여공의 파업에 이어 평양 종방 여공 450명도 저임금과 감독 배척을 이유로 파업하였다. 또한 1936년 1월 광주 종방제사 공장에서도 투쟁은 계속되었다.

그러나 개별 공장별 파업은 조직적이라기보다는 자연발생적이었으며, 그것은 미혼여공들의 기숙사 생활이라는 제한적인 조건과 의식 부족으로 성공하기는 어려웠다. 1930년대 중반에는 방직공장에서 여공들의 빈번한 탈출도 일어났다. 대부분 모집원의 과장된 선전을 듣고 공장에 취직한 농가 여성들은 실제 전혀 다른 비인간적 생활을 참다 못하여 탈출을 감행한 것이었다. 엄격한 감시망을 뚫고 탈출을 기도한다는 것은 개인적으로는 최대한의 항거이기도 하였다.

이와 함께 1924년 암태도의 소작쟁의에 농민 여성들도 적극적으로 참여했으며, 제주도에서는 1932년 해녀들이 자신들의 생존을 위협하는 부당한 조합에 맞서 투쟁하였다. 이들의 운동 역시 여성항일운동의 일익을 담당했던 것이다.

제주해녀항일운동기념공원에 세워져 있는 항일여성운동가 부춘화, 김옥련, 부덕량.

제주해녀항일운동기념탑

해외 여성의 항일운동

여성의 항일독립운동은 국내에서만이 아니라 해외에서도 전개되었다. 우선 3.1운동에 앞서 재일본 여자 유학생들은 1919년 도쿄 유학생의 2.8 독립선언 때 동참하였다. 또한 대한민국애국부인회가 임정과 긴밀한 관계를 가지며 활동한 것은 이미 언급한 바 있지만, 정정화 등 중국 거주 여성들이 한국을 오가며 지속적으로 군자금을 모금하거나 연락 등을 맡기도 했다. 그들은 독립운동가의 아내로, 어머니로, 딸로 할 수 있는 모든 역할을 수행하였다.

또한 1932년 4월 윤봉길의사와 홍구공원 의거에 함께 한 이화림뿐만 아니라 남자현의 의열활동, 평남도청에 폭탄을 던진 안경신, 의열단 단장 김원봉의 부인이자 조선의용대 부녀복무단장으로 직접 무장투쟁에 나서 순국한 박차정, 중국에서 교관으로 청년들을 지도한 허정숙, 그리고 임시정부 산하 광복군의 오광심, 지복영 등 많은 여성들의 항일 투쟁은 주로 중국 만주 등지에서 이뤄졌다. 뿐만 아니라 항일한중연군(韓中聯軍)에서는 작식대(作食隊)와 재봉대로 군인과 함께 전선에서 헌신하였다.

이 같은 여성독립운동은 미주 방면에서도 활발하여 대한여자애국단, 한인부인회, 부인구제회 등을 조직, 조국의 독립을 기원하고 독립 자금 모금에도 힘쓰는 동시에 한인사회에 협동과 상조 정신을 심는 데 노력하였다. 이들의 활동이 때로는 실패, 좌절하였다 하더라도 그 정신과 실제 활동은 한국독립의 밑거름이 되었음에 틀림없다.

이상에서 여성의 항일독립운동을 대강 살펴보았다. 모두 다 죽음 같은 어둠의 시간이었다. 그러나 새벽을 기다리며 가족 안에서, 식민지 사회에서 민족 국가를 꿈꾸며 마침내 살아

남아 독립운동을 살려낸 것도 여성들이었다. 이를테면 민족주의계, 사회주의계 할 것 없이 여성들은 자신과 사회를 개척해나가기도 하고, 3.1운동을 거쳐 독립운동의 주체로 서려고 했다. 그러나 아직 봉건적 가부장제 굴레는 여전했고, 실제 그 성과를 이뤄내기는 쉽지 않았다. 마침내 종전과 함께 맞이한 8.15 광복은 자주적인 국가 건설이나 여성 해방에 앞서 미국과 소련의 점령이라는 또 다른 상황으로 이어졌고, 여성해방 문제는 여전히 국가위기나 민족 문제 앞에 부차적인 것으로 은폐, 외면되기 쉬웠다. 한편 일제의 전쟁 시기에 많은 여성들이 친일활동에 내몰리기도 한 경우도 적지 않게 있었음도 적시해 둔다.

미주 대한여자애국단 창립 17주년 기념

04 여성항일독립운동에 대한 새로운 인식과 해석

지금 한국의 여성은 제도적으로는 거의 남성과 동등한 지위에 있다. 그러나 사회적으로 여성이 남성과 평등하게 의무와 권리를 다하고 있는가에 대해서는 여전히 의문이다. 여기서는 일제 식민지 시기 여성항일독립운동에 대한 새로운 인식을 여성의 입장에서 제기해본다. 이를 통해 오늘의 사회에서 끊임없이 야기되는 남녀 문제에 대한 일정한 시사가 있기를 바라기 때문이다.

당시 국가를 잃은 민족적 위기와 혼란 속에 내 가정을 지키며 그 안팎을 엄격히 구분하기란 쉽지 않았다. 여성 개인이나 집단이 민족독립운동에 참여한 것만이 여성독립운동이 아니었다. 여성은 남성과 다른 고유의 특성을 가지고 독립운동에 직접 나선 것뿐 아니라 남편 대신 가장 노릇도 하며 독립운동의 후방 기지 역할을 다했다. 또한 미혼인 독신은 말할 것도 없거니와 남편과 사별, 이혼 등으로 홀로 된 여성도 적지 않았다. 그들은 누구나 아내로서 뿐 아니라 딸, 며느리, 어머니로서 독립운동에 기여하였다. 가족의 한 구성원 여성의 역할과 활동을 통해 '독립운동'에서 여성들의 기여와 공헌에 대한 의미와 평가를 '새롭게' 보고자 한다.

무엇보다 성역할 구분에 의한 '여성의 일, 남성의 일'에 대한 고정관념을 배제해야 한다. 많은 여성독립운동가의 회고록이나 자서전 등의 구술기록을 보면 자신이 한 일을 독립운동으로 생각하지 않았다. 이들은 단지 "남편, 시아버지, 아들의 일을 도왔을 뿐이고, 자식들 키우고 삼시 세끼를 대는데 힘들었다"고 이야기할 따름이다. 아무개의 부인, 어머니, 며느리로 불리었던 당시 시대적 상황이나 사회적 편견에 따른 것이라 할 수 있다.

다시 말하면 일반적으로 여성의 일이라면 '돌봄과 보살핌'으로 규정되고, 단지 내조자, 도우미의 역할로 인식돼왔다. 이제 그같은 소극적 인식이나 해석을 지양하고 온 가족, 나아가서는 온 겨레를 살려내는 '살림'의 주체, 여성이라는 보다 적극적이고 능동적인 역할과 활동으로 재해석해보자는 것이다. 이것이 오늘의 올곧은 새로운 역사인식인 동시에 남녀 불평등이나 차별 해소에도 나름 기여하지 않을까 한다.

결국 여성독립운동가의 유형을 가족 단위로 조사, 검토하고 활동 내용은 말할 것도 없거니와 시기와 지역 등을 나눠 교차 분석하는 작업을 통해 여성의 독립운동을 재고찰해보려 한다. 다시 말하면 여성의 '살림(일)' 행위가 바로 독립운동가의 가족을 살리고, 민족을 살리는 활동이었음을 드러내는 것이다. 이에 대한 가치를 제대로 평가한다면 대부분 독립운동가들의 어머니, 딸, 며느리, 아내 모두가 바로 당시 여성독립운동가였을 것임에 틀림없다.

다만 남성과의 연대 속에 홀몸 여성으로 참여한 김마리아(1891?~1944, 1962년 건국훈장 독립

남자현 지사 묘 입석식
(조선중앙일보, 1933. 10. 18)

장), 남자현(南慈賢, 1872~1933, 1962년 대통령장)과 조신성(1867-1952, 1990년에 건국훈장 애국장(1977년 대통령표창), 안경신 등의 헌신적인 활동은 여기서 논외로 하고 이들은 이미 여성독립운동가로 남성 못지않은 인정을 받고 있다 해도 과언이 아니다.

여성의 '살림'과 항일독립운동

위와 같이 남성과 연대해서 한 활동뿐 아니라 여성의 '살림'과도 같은 형태, 흔히 여성의 고유한 영역이라 불리는 돌봄과 보살핌으로 이해되는 여성의 독립운동을 볼 수 있다. 이를테면 김구의 모친 곽낙원, 안중근의 모친 조마리아 등에서 볼 수 있듯 남성과 직접 연대하여 항일독립운동을 펼치지는 못했다 하더라도 살림의 모습이 항일독립운동을 확장해나갈 수 있게 하는 사례들을 재검해보고자 한다. 사실 당시 독립운동의 어려운 현실은 종래와 같은 남녀 역할, 공사의 경계가 뚜렷이 구분될 수 있는 상황이 아니었다. 남성의 주요 업무와 여성의 보조적인 일이란 고정 관념은 이미 해체 또는 극복된 것이나 다름없었다. 각자 자신들에게 맡겨진 소임을 최선을 다한 것이 곧 항일독립운동이 아니겠는가. 서훈된 많은 독립운동가 옆에는 그의 아내 여성들이 있었을 것이다. 이에 서훈된 남성운동가들의 이름과 함께 부인의 이름이 병기되는 것이 마땅하지 않을까 한다.

물론 남편 유무와 무관하게 여성이 적극적으로 항일운동에 투신, 참여했느냐 또는 단지 가족의 생계 유지에 최선을 다하며 남편을 내조(사기 진작 등)했느냐에 대한 평가가 똑같을 수는 없다. 따라서 차이가 있을 수 있으므로 양자 간의 세분화된 평가나 의미 분석은 차후 과제로 미룬다.

우선 여기서는 이회영의 부인 이은숙, 이상룡의 손부이자, 이병화의 부인 허은, 신채호의 부인 박자혜 등의 '살림'을 살펴본다. 물론 그밖에도 많은 아내들이 있었을 것이다.

이은숙(1889- 1979)은 남편 이회영과 함께 만주로 이주한 이래 독립운동 현장에서 많은 활동을 하였다. 2018년에 건국훈장 애족장이 추서되었다. 남편은 1910년 국권이 일제에 의해 강탈당하자 전 가족을 이끌고 만주로 건너가 황무지를 개간하며 독립운동기지를 건설하였다. 교민자치기관인 경학사(耕學社)를 조직하고 이듬해에는 독립군 양성기관인 신흥무관학교를 설립하여 독립군 기지와 운동가 양성에 주력하였다. 1919년 대한민국임시정부 수립 이후에는 베이징 일대에 체류하면서 독립운동을 지속하였고, 1924년에는 재중국조선무정부주의자연맹을 조직하여 활동하기도 했다. 1931년 일제의 만주 침략 직후에는 상하이에 집결한 한인들이 조직한 항일구국연맹의 의장을 맡기도 했다. 이때 "동지, 동반자, 조력자"로서 이은숙의 생활은 자신의 회고록 『서간도 시종기』에 잘 드러나 있으며 2018년에 본회가 같이 주최한 세미나에서 발표된 바 있다.

이상룡의 손부로 2018년에 건국훈장 애족장을 받은 허은(1909-1997)은 의병장 왕산(旺山) 허위(許蔿)의 종질(從姪) 허발(許潑)의 딸로 일찍이 가족과 함께 서간도로 이주했다. 가족을 돌보는 '살림'으로 일가의 항일운동을 도왔다. 1922년 이병화와 결혼 이후에는 더욱 직접적으로 참여하였다. 이시영·이상룡·김창환 등이 결성한 서로군정서의 '살림'을 맡아, 기본적인 생계 활동 외에도 회의 등 공식적인 행사를 준비하는 데 힘을 아끼지 않았다. 이와 같이 독립운동가 가정에 모인 운동가들에게 숙식을 제공하는 것은 전적으로 아내의 몫, 살림이었다. 그것이 가족 안의 사적 영역이라고 볼 수는 없는 것이다. 그 가정이 곧 회의장, 공적 공간이 되었기 때문이다. 뿐만 아니라 대원들이 입을 군복을 만들고 배급하여 무장투쟁 활동에도 기여하였다.

박자혜(朴慈惠, 1895년 ~ 1943년)는 경기도 고양군에서 출생하여 숙명여자고등보통학교를 졸업하고 조산부양성소를 나와 간호부로 일했다. 조선총독부의원에서 재직 중 1919년 3·1운동으로 병원에 부상자들이 줄을 잇자, 그들을 치료하던 과정에서 민족의 울분을 느끼고 의사, 간호부들과 함께 시위에 참여할 것을 주장하였다. '간우회'를 조직하여 간호부들에게 동맹파업을 주창하였고, 체포되었다가 1920년 북경으로 갔다. 이은숙의 중매로 신채호와 결혼, 연경대학교도 중퇴하고 이듬해 첫아들 수범을 낳고 둘째를 임신 5개월 때 경제난과 남편의 권유로 귀국하고 말았다. 서울에 '산파 박자혜'를 개업하였으나 영업 부진에 따른 생활고는 이루 말할 수 없었다. 아이가 1923년 영양실조로 사망할 지경이었다. 1928년에는 남편의 옥중 생활을 뒷바라지해야 했으니 오로지 가족 돌봄과 독립운동 후원에 헌신한 것이다. 어쩌면 남편이 운동에 헌신할 동안 가정을 지키며 그를 지원한 예는 흔히 있는 일로 대수롭지 않게 생각될 수 있으나 결코 그렇지 않음을 강조하고 싶다. 그러나 아직도 서훈되지 못한 여성들이 수없이 많을 것이다.

다만 이들을 개별적으로 서훈하자는 것은 아니다. 동시에 여성이 가족원으로 항일독립운동에 참여했다고 할 때 자칫하면 가족 안의 여성으로 오히려 여성의 역할이나 활동을 한정하여 바람직한 젠더의식을 저해할 수도 있다는 데 주의를 기울여야 한다. 이는 여성. 남성의 역할 분담같은 고정 관념에 가둬놓아서는 안 된다는 것이다. 다시 말하면 그 같은 왜곡된 젠더의식을 깨기 위해서 여성의 활동과 역할에 대해 좀더 깊이 성찰하고 그 의미와 가치를 적극적으로 평가하자는 생각이다. 즉 흔히 가정 안에서 이뤄지는 여성의 일이나 역할에 대한 사회적 의미와 역사적 해석을 재조명, 바람직한 인식의 심화를 강조하는 것이다.

부부항일독립운동가의 활동 사례들

만주 등지에서 항일무장투쟁을 벌이는 경우 식량 조달, 취사와 군복 제공 뿐 아니라 늘 해야 하는 운동에서도 그들의 생존과 투쟁의 토대가 되는 군자금 모금에서부터 통신, 연락, 선전 사업 등에 여성은 남성 못지않게 참여해야 했다.

정부에서 서훈 받은 부부 중 여성을 기준으로 보아도 일단 80여쌍이 된다. 그들을 활동 내용과 지역, 시기 등을 고려하여 대강 분류해본다. 우선 3.1운동에 참여한 것부터 그 전후 시기에 애국부인회와 임정 활동, 그리고 미주나 중국, 러시아로 나간 예, 또한 이념적으로 사회주의 사상의 영향을 받아 동지로 애인으로 부부로 활동한 예도 빼놓을 수 없다. 한편 무장투쟁으로 나선 예도 적지 않다. 이미 앞에 나온 항일독립운동의 양상과도 연결되는 것이다. 개인적으로는 수십년에 걸친 활동이 엄격하게 단 하나의 범주로 분류될 수는 없지만, 주요한 활동을 중심으로, 또는 부부로 함께 한 활동들을 나누어 살펴보도록 한다.

임정과 애국부인회 등 중국 활동

이른바 임정의 '살림꾼' 정정화(鄭靖和, 1900~1991)는 충남 예산의 대지주 집안의 딸로 김가진(金嘉鎭)의 맏아들 의한과 혼인하였다. 3.1운동 직후 시아버지와 남편의 망명에 뒤따라 단신 상해로 건너갔다. 1930년까지 10여년간 임시정부의 재정 지원을 위하여 6회에 걸쳐서 국내로 밀파되는 일을 감당했다. 망명 생활 27년 동안 자신의 가족은 물론 이동녕, 김구 등 임정 요인과 가족들의 삶이 그의 손에 달렸다 할 만큼 돌보고 보살펴야 했다. 1932년 윤봉길의 의거 후, 임시정부가 저장성(浙江省) 자싱(嘉興)으로 이동한 뒤에도 임시정부의 살림을 계속 맡아 해왔다. 1935년에는 임정의 한국국민당에 가입, 공식

3.1유치원,
교사 정정화(뒷줄 오른편) 등

적인 단체 활동에 뛰어들었으며, 1940년 충칭(重慶)의 한국독립당 광복군 창립에 남편과 같이 참여하였다.

한국혁명여성동맹을 조직하여 간사로 활동하는 한편 독립운동가 자녀들을 위한 3.1유치원 교사도 하는 등 쉴 새 없이 노력하였다. 1943년 2월, 대한애국부인회 재건대회에서 훈련부장에 선출되고는 국내외 한인 여성의 총 단결과 조국광복을 위하여 매진하였다. 한 독립운동가 가족, 넓게는 임정 관련 요인들과 그 가족의 일원으로 항일투쟁 독립을 위해서라면 무엇이든 할 수 있는 일에 헌신하였다. 1982년 대통령표창에 이어 1990년 건국훈장 애족장이 수여되었다.

이처럼 3.1운동을 전후하여 애국부인회와 광복군에 이르기까지 부부독립운동가로 활동한 예는 정말 많다. 조화벽 - 유우석, 김락 - 이중업, 김숙경 - 황병길 등 일일이 열거할 수 없다.

요약하면 남편의 활발한 임정 활동에 비해 여성들은 가족으로, 한국독립당 당원 등의 명분 속에 가족의 생계를 전담하며 자녀 교육과 민족 사회 유지에 힘쓴 것이다. 어느 측면에서 보면 그들의 의사 여부에 관계없이 동원됐다는 감도 없지 않지만 결과적으로 그들이 없었다면 독립운동도 민족 사회도 존

립하기 어려웠다는 점을 강조하게
된다.

이를테면 일찍이 중국에서 태어
나 자란 여성독립운동가들도 있었
다. 바로 "모태독립운동가"[3]로 불
릴 수도 있다는 것이다. 광복군으
로 남편을 만난 민영주의 경우 등
이 적지 않다. 그들은 부모에 이어
최근까지 독립운동가로 서훈을 받
기도 한다. 오랜 일제 시기를 통해
몇 대에 걸친 독립운동가가 나올 수 있다는 것이다.

광복군 민영주-김준엽 가족
(외아들 김홍규님 제공)

미주와 러시아에서 활동한 부부

미주에서 활동한 부부도 차경신-
박재형, 강원신-강영승, 강혜원-김
성국, 김도연-윤응호 등 상당하다.
대표적인 예로 안창호의 부인 이혜련
(1884 - 1969, 2008. 애족장)은 남
편 안창호와 함께 활동하며, 미주 여
성들의 군자금 모금, 임정 활동 후원
과 지지 등을 이끌어냈다.

미주에서 부부독립운동가로 활동한 사진
신부 김도연의 혼인 모습

3) 민영주 김준엽 부부의 유일한 아들 김홍규님 인터뷰에서 그렇게 어머니를 일컬어주셨다. 2020. 10. 19. 오전
   10시 30분부터 2시간 정도 자택에서 함. 동시에 김준엽의 『장정 2』, 나의 광복군 시절 하(나남, 1989)은 두 사
   람에 관해 자세한 편이다.

또한 러시아와 중국을 오가며 활동한 이의순 - 오영선, 이인순 - 정창빈 등
도 해외에서 활동한 주요 부부운동가들이다.

만주와 러시아에서 활동한 이의순(1895-1945, 1995 건국훈장 애국장)은
이동휘(李東輝)의 차녀이며, 1920년 결혼한 남편은 상해지역의 독립운동가 오
영선(吳永善)이다. 1911년 가을, 성진(城津)에서 살다가 부친을 따라 만주로 이
주하였다. 동년 화룡현(和龍縣) 명동촌(明東村)에 있는 민족학교인 명동학교의
교사로, 그 후 근방의 마을마다 야학을 설치하였다. 1919년에는 명동여학교를
병설하는 등, 간도 지역 여성 교육에 크게 기여하였다. 한편 1918년 가을에는
블라디보스토크로 이주하여 신한촌(新韓村) 삼일여학교에서 교사로 활동하면
서 채계복(蔡啓福)을 만나 애국부인회를 조직하여 회장으로 활동하였다. 이외
에도 간호부의 양성을 위하여 적십자회를 조직하여 활동하기도 하였다.

사회주의계 부부

사회주의계 여성들은 직접 남편과 연대하여 활동한 예가 많다. 박차정, 이화림, 박원희, 주세죽, 허정숙 등 사회주의계 여성들은 남성과 같이 항일투쟁에 뛰어들었다. 때로는 남편이 운동에 나서지 않을 때, 또는 의견이 맞지 않을 때는 이혼을 불사하고 별도로 활동하는 주체적 운동가였다. 이들은 필요에 따라 남녀 함께 또는 따로, 각자 노선에 따라 활동하는 예도 적지 않았다.

이들은 국내외를 오가며 적극적인 활동을 벌였으나 해방 후 남북한 분단에 의해 남편은 서훈되지 못하고 여성만 서훈된 경우도, 또는 그 반대의 경우도 꽤 있다. 김조이와 조봉암, 주세죽과 박헌영, 정종명과 신철 등이 전자에 해당하며, 후자의 경우는 양명과 조원숙, 임원근과 허정숙이 그러하다. 분단으로 인해 이데올로기의 폐해가 여전하기 때문이다. 1945년 해방 전 사망한 경우에 서훈이 가능하다. 따라서 부부가 다 안된 경우가 더 많을 것이다.

허정숙의 부인운동론
(동아일보
1928. 1. 1 - 3. 3회 연재)

어쨌든 여기서는 박원희
와 김사국 부부를 본다. 박원
희(2000년 건국훈장 애족장)
와 김사국(2002년 애족장)은
현재 대전 현충원 애국열사
묘에 합장돼 있다.

이름부터 으뜸가고 빛
나는 박원희(元熙, 1897 –
1928)는 동료이자 남편 김사
국, 시동생이 사민으로 두 사
람 모두 항일독립운동에 이
름 그대로 헌신하였다. 국민

을 사랑하는 마음으로, 뿐만 아니다. 박원희의 외딸 김사건은 '역사를 세운다'
는 뜻으로 부부가 이름을 붙였단다. 외조모의 손에서 자란 건의 자녀 6명이

2020년 현재 잘 살고 있음[4]은 여간 다행이 아니다.

박원희는 경성여고보 사범과를 나와 교사를 하다 일본 유학 가서 낮에 공부하고 밤에 일하고, 다시 간도에 가서 청년교양운동 교사로 운동가로 헌신했다. 여성의식향상과 민중계몽, 사회주의 이론과 실천에 투철했다. 5년간 결혼생활에 남편은 결핵으로, 간병 3년에 죽고 그 후 2년도 안 돼 자신도 병사하였다. 최초의 사회주의 여성단체 여성동우회를 조직하고 경성여자청년회를 주도하다, 근우회 활동에 적극적으로 참여하였다. 여성항일독립운동의 선봉에서, 또는 중심에서 아이(사건)를 업고도 동분서주한 결과 요절한 것이다. 여성 최초의 34개 사회단체연합장으로 운동가들은 물론 사회 전체가 애도하였다.

광복군 또는 의용대 부부

박차정 - 김원봉, 이화림-이집중, 김마리아-이범석 등도 의열단, 의용대 등에서 남편과 함께 또는 따로 중국, 만주 등지에서 항일투쟁에 적극적으로 활동하였다. 또한 1940년대 임정 산하 광복군에서 여군으로 남편과 함께 활동한 예도 적지 않다. 부부광복군의 경우 남편을 돕는 일이기도 하였지만, 자신들이 주체가 되어 독립운동 참여를 위한 선전, 모병활동 등을 남녀 모두를 대상으로 한 것이다.

최근에는 광복군 총 사령관 지청천의 부인 윤용자도 서훈되었다. 그가 장군의 뒷바라지를 잘 했다거나 딸 지복영까지 광복군으로 키워 소임을 다했다는 점에서 당연히 독립운동가로 인정받은 것이다. 한편 광복군 민영주와 김준엽이 같은 등급 애국장을 받은 것은 더욱 주목할 만하다. 대부분의 경우 여성은 남편보다 거의 낮은 등급을 받기 때문이다. 이제 광복 70년이 지나 이런 제안

---

4) 박원희의 외손녀 김윤숙님을 2020. 10. 20. 파주 자택에 가서 모친 김사건에 대해 말씀을 들었다. 10시 30분부터 2시간에 걸쳐 독립운동가 후손의 삶을 들을 수 있었다. 외딸 仁石 金史建여사회혼기념문집 『노을에 기대어 건져올린 세월』, 문성사, 2005. 1. 참고함.

이 무슨 의미나 효용성을 가질까 싶지마는 아직도 서훈되지 못한 여성들은 남편과 나란히 이름을 명기하여 한 단위의 공헌자로 서훈을 주는 것이 마땅하지 않을까 하는 생각을 해본다.

이상에서 살펴본 바와 같이 최근 항일여성독립운동에 대한 사회인식, 역사의식에 일대 전환이 요구되고 있다. 즉 구체적인 여성의 활동 양상이 남성과 동일한 잣대로 비교될 수는 없다.

남성과 함께 직접적인 독립운동에 뛰어든 것은 말할 것도 없거니와 이른바 남성독립운동가들의 '뒷바라지'라는 내조적 역할이 단순히 보조에 그쳤다는 식으로 과소평가되어서는 안 될 것이다. 당시 가족의 생계를 도맡다시피 하며 자녀를 양육하여 민족 사회를 이어갈 수 있게 한 여성의 일상적 '살림'이야말로 독립운동의 기본적인 주요 부분이 아니었을까. 다시 말하면 독립운동 일선에 나선 남성의 일은 중요하고 그를 도운 여성의 일은 언제나 부차적, 보조적이었다는 선입관 또는 고정관념을 떨쳐 내고 여성의 일 '살림'과 역할을 재조명해야 한다.

덧붙인다면 남성독립운동가들은 자신의 이름을 내걸고 뚜렷한 명분과 보람을 나름대로 누릴 수 있었던 것에 비해 여성은 말 그대로 이름 없이, 남편을 대신하여 가정과 민족을 지키기 위해 온갖 곤경을 무릅쓰고 후대를 일궈낸 것이다. 그들은 분명 아내이면서 어머니이고 딸이었고 며느리이기도 하였다. 당시 여성들의 분투 노력이 없었다면 오늘날 한국의 번영과 평화가 있을 수 있을까. 말 그대로 하늘을 떠받치는 인류의 절반은 여성이기 때문이다.

참고문헌

공립신보(1909. 1. 6), 독립신문, 신한민보, 동아일보, 조선일보 등 신문과 여성잡지.

국가보훈처, 나라사랑광장(www.mpva.go.kr), 공훈록.

국립여성사전시관, 『사진으로 보는 여성독립운동가 472』, 2019.

김경옥, 『백파 김학규 장군』, 하나&HN153, 2013.

박용옥, 『한국여성항일운동연구, 지식산업사』, 1996.

리광인 림선옥, 『항일련군의 조선족녀전사들, 연변인민출판사』, 2015.

성대경, 박진태, 김영수, 장세윤, 최재성 외, 『시대를 앞서간 사람들』 선인, 2014.

서중석, 신흥무관학교와 망명자들, 역사비평사, 2001.

신영숙(공저) 『글로벌시대에 읽는 한국여성사』, 사람의 무늬, 2016.

신영숙, 「2.8독립선언과 항일여성」, 2019년 1월 18일 프란치스코교육회관, (사)항일여성독립운동기념사업
　　　회 세미나 발표문.

신영숙, 「항일여성독립운동과 충남 여성」, 2019. 12. 13. 충남도서관, (사)항일여성독립운동기념사업회
　　　학술심포지엄 발표문.

신영숙, 『여성이 여성을 노래하다』, 늘품플러스, 2015.

양우조 최선화, 『제시의 일기』, 우리나비, 2019.

이은숙, 『서간도 시종기』, 일조각, 2017.

이종걸 발표, "이은숙과 이규숙의 생애", 묻혀진 항일여성독립운동가를 재조명한다 토론회,
　　　국회의원회관 제1세미나실, 2018. 4. 9. 자료집.

이해동, 『만주생활 77년』, 명지출판사, 1990.

정정화, 『여자독립군 정정화의 녹두꽃』(정정화, 미완, 1987).

지복영, 『민들레의 비상』, 민연, 2015.

최성주. 『최운산, 봉오동의 기억』, 필로소픽, 2020.

허　은, 『아직도 내 귀엔 서간도 바람소리가』, 민족문제연구소, 2010.

한도신, 『꿈 갓흔 옛날, 피합흔 니야기』, 돌베개, 1996.

여성사로
읽는
항일독립운동

II

사회주의 항일여성운동

강 정 숙

01 일제 강점 초기 조선 내외 정세와 사회주의의 국내 수용과정

19세기 말 조선에는 자유주의와 기독교사상이 유입되어 여성의 권리의식이 확산되었고 교육과 직업과 관련한 여권운동도 전개되었다. 그러나 일제 강점 이후 무단통치하에는 국내에선 학교와 종교단체 이외는 일체의 사회활동이 불가능하였고 이에 만주 등지로 망명하여 무장독립운동을 하였다. 그런데 이 시기는 바로 1917년 러시아혁명, 1918년 윌슨의 민족자결주의의 선포와 제1차세계대전의 종료 등 세계사에서 중요한 사건들이 몰아치고 있었다. 이때 우리 민족은 우리의 독립의지를 세계에 알리고 독립을 쟁취하기 위해 3.1운동을 일으켰다. 국제정세를 유리하게 활용하기 위해 파리강화회의에 대표를 파견하기도 하고 3.1운동의 결집된 힘을 바탕으로 1919년 상해에 임시정부를 수립하였다. 임시정부를 비롯하여 다양한 독립운동단체를 지원하기 위해 국내에서는 대한민국애국부인회 등 지하비밀결사운동이 전개되었다. 그런데 국내의 민족주의운동은 1920년대 이후에는 그전처럼 활발히 전개되지는 못하였다. 이것은 러시아혁명과 함께 들어온 사회주의가 조선사회에 강풍처럼 몰아친 데도 영향이 있었다.

사회주의가 우리 민족에게 영향을 주기 시작한 것은 한말로, 신민회의 혁명적 민족주의 계통에서 사회주의를 수용하기 시작되었다. 이와 별도로 1910년대 일본 동경유학생 사이에서 사회주의사상이 확산되고 있었다. 조선 내에서 사회주의 조직이 만들어져 운동이 시작된 것은 1920년대이다.

1918년 파리강화회의에서 굳건한 세계적 강대국으로 등장한 미국의 대통령 윌슨이 전후 식민지 문제 처리방안으로 '민족자결주의'를 제창했으나 이것은 패전국 식민지에 국한된 것이었다. 때문에 전후 세계정세변화를 이용하여 조선독립을 모색하던 독립운동가들은 3.1운동 이후 사회주의에 큰 관심을 기울였다. 특히 레닌의 식민지에 대한 입장, 코민테른 〈식민지 반식민지 민족에 대한 테제〉 그리고 식민지 조선의 민족해방운동에 대한 실질적인 지원 등으로 일제의 지배하에 있던 조선인들을 크게 고무시켜 사회주의자의 생성과 성장에 큰 영향을 미치기 시작하였다. 사회주의는 원래 자본주의가 발달된 구미사회에서 자본가과 노동자의 대립에 기초한 혁명운동이론으로서 등장하였던 것이지만, 이 시기 소련에서 민족해방운동과 사회주의를 결합하여 식민지 반식민지민을 적극적으로 이끌어내었던 것이다.

일제하의 조선에서는 민족해방과 계급해방을 동시적으로 추구하고 여기에 사회주의적인 여성해방을 지향하였다. 조선인들이 여성해방이념을 수용한 시기는 러시아혁명이 있고도 좀더 지난 시기였던 것으로 보인다. 러시아 혁명 직후 극동지역에는 유명한 사회주의자 여성 김알렉산드라가 있었지만, 사회주의 여성해방론이 조선 내에 영향을 미친 것은 1920년대가 되어서이다.

3.1운동의 힘찬 움직임 속에 임시정부가 탄생하고 민족독립을 위한 다양한 단체가 국내는 물론 만주, 연해주, 중국 각지, 일본, 미주 등지에서 결성되었다. 사회주의는 연해주와 중국에 이미 강력한 영향을 주기 시작하여 중국 상해 등지에서는 조선의 혁명가들이 소련의 직간접 조직선 속에 활동을 하기 시작하였다.

한국 공산주의 혹은 사회주의자의 대표명사로 일컬어졌던 박헌영(1900-1956)도 이러한 성장과정을 거쳤다. 3.1운동에 참가한 이후 도일한 그는 1920년 3월 1일 동경의 3.1운동 1주년기념시위로 구속되었다가 석방된 이후 1920년 11월 상해로 망명하였다. 그해 겨울부터 바로 사회주의운동에 가담하였는데 그때 재상해 한인공산당, 공산청년회에 가입한 것으로 보인다. 이때 공산청년회에는 박헌영·김단야·조봉암 등 이후 사회주의 운동에 중요한 인물들이 있었다.

국내 사회주의 여성해방운동에 중요한 역할을 하게 되는 여성들도 바로 이때 상해에 있었다. 1921년 전후하여 상해로 온 주세죽, 일본의 유학을 중단하고 이동휘(임시정부 국무총리, 고려공산당 창당을 함) 집에 머물며 앞날을 모색하고 있던 허정숙, 김조이 등이다. 이들은 상해에서 사회주의를 학습연구하고 실천방식을 모색하였다.

상해에선 1920년 3, 4월에 임시정부 기관지였던 『독립신문』을 통해 「부인해방문제에 관하야」라는 제목으로 13회에 걸친 연재물이 실렸다. 동서고금의 여성의 역사와 여성운동을 점검한 글이었다. 여기에는 소련의 여성정책과 사회주의 여성해방운동가 중 대표주자라 할 콜론타이를 소개하고 있는데 우리나라에선 처음 소개한 것이 아닌가 한다. 그 내용은 아래와 같다.

> 부인의 경제적 독립에 관하여서는 생산이 완전할(한-필자) 공유를 목표로한 이 나라에서는 또한 문제가 되지 안는다. 임부(姙婦)와 유아(乳兒)에 관하야는 특별한 주의를 가(加)한다. 임부는 산전후(産前後) 육주간(약 이개월) 노동을 면제하고 자금을 부급(付給)하며 특별수용소를 두어 의약을 공급하고 산모적 지식을 가르친다.
>
> 유아급소년을 위하여는 허다의 양육소가 잇서 수만의 아동을 양육하는대 그 안에는 양육, 교육제부(諸部)와 유락처(遊樂處), 운동장, 병원 등의 설비가 잇다. 장성하면 학교에 보내고 만 십칠세에 니르면 자영(自營)케 한다. 이로 인하야 부인의 가정 노고는 감소되고 아동의 교육은 심히 완전하게 되엿다.(중략)
>
> 사회혁명의 성공은 부인으로 하여금 남자의 사유(私有)급 경제노예의 두 가지 위에서 일약 해방되게 하엿다. 이는 명백히 부인의 승리다. 반세기

래(來)의 노동부인조합운동도 이와 갓흔 목적으로 분투를 계속하여
왓다.(송아지, 「부인해방문제에 관하야」十二, 『독립신문』, 1920. 4. 13.
제64호)

이 기사의 필자는 '송아지'인데 필명대로라면 필자는 주요한이다. 이글에서는
사회주의에서 주장한 여성의 경제적 독립, 여성의 재생산 노동(가사노동)의
사회화, 임산부에 대한 보호조치 등이 언급되어 있다. 이는 1920년대 이후 근
우회나 국내 사회주의운동에서도 지향한 내용이다. 당시 독립신문에 이 정도
의 글이 실릴 정도면 이미 임시정부 관련자들도 이 수준의 정보를 공유하고
있었다고 봐야 할 것이다.

그리고 바로 이때 상해에는 매우 중요한 움직임이 있었다. 즉 사회주의운동
사 상에 중요한 전기가 되었던 극동피압박민족대회가 준비되고 있었다. 1922
년 극동피압박민족대회는 1920년에 열렸던 '제2차 코민테른 국제대회'에서
채택한 〈민족, 식민지문제에 관한 테제〉를 본격적으로 다룬 회의로서, 1922년

1922년 극동피압박민족대회 개회식 모습. [반병률 교수 발굴]
단상의 플랭카드에는 '공산당은 원동(遠東·극동)해방에 선봉대니'라는 한글이 보인다.

1월 21일부터 2월 2일까지 모스크바에서 개최되었다. 이 대회는 동아시아 지역의 공산주의운동과 민족해방운동을 지원하기 위한 목적을 가지고 있었다. 코민테른[1] 집행위원회의 주최로 동아시아 각국 공산당 및 민족혁명단체 대표자들이 연석하였다. 조선인 대표는 56명으로 여운형·김규식·김단야 등과 여성으로서는 상해에 있던 권애라·김덕영·김원경이 고려공산당, 정수정은 대한애국부인회 대표로서 참석하였다. 이때 참석자들은 민족.식민지 문제에 관한 코민테른 내부논의를 상세하게 접하였다. 이 회의 참석자들은 이후에 정치적인 지향은 상당히 나눠지지만, 이때는 워싱턴이 아니라 모스크바와 연대함으로써 조선 독립의 전망을 찾으려는 공통점을 가진 사람들이었다.

---

1) 코민테른은 세계 각국 공산당 및 대표적 공산주의 단체의 연합체이자 지도 조직으로 공산주의 인터내셔널 (Communist International)의 약칭임. 1919년 결성되어 1935년 제7차 대회까지 열렸고 1943년 해체됨.

02 1920년대 조선 내 사회주의 항일여성운동

　3.1운동 이후 다소 이완된 사회 분위기 속에 다수의 사회단체가 조직되었지만 여성단체의 수는 적었다. 1922년 말 거의 500개가 되는 청년단체 중에 여성청년단체는 29개에 불과하였다. 가장 진취적인 청년단체 조차 이러한 상황이었으니 노동자 농민은 더 말할 필요가 없을 정도였다. 이것은 당시 여성들이 봉건적인 가족관계나 결혼풍습, 교육 등에서 사회운동을 활발히 해 나갈 조건에 있지 못하였기 때문이었다. 그러나 여성교육과 관련한 단체는 꾸준히 발전하고 있었다. 그리고 1923년이 되면 다양한 경험과 활동을 통해 새로운 사상인 사회주의를 수용한 여성들에 의해 여성단체가 생겨나기 시작하였다.

　조선여자고학생상조회도 그 중 하나이다. 조선여자고학생상조회의 정종명은 1923년에 이미 '여성해방운동의 근본문제' '여자해방운동' 등을 주제로 강연하고 있는데 이러한 제목은 이미 사회주의 세례를 받은 것으로 보이고 이러한 주제로 강연한다는 것은 연사와 청중과의 교감이 가능하다는 것을 의미한다. 정종명은 1923년 6월경 지하에 조직된 '꼬르뷰로(고려국) 국내부'의 공산청년회(청년뷰로)에 가입한 상태였다. 이것은 조선공산당을 조직하기 위해 1922년 12월 블라디보스톡에 설치된 코민테른 극동총국 산하 '꼬르뷰로(고려국)'의 국내조직이었다. 정종명은 이 초기 조직체의 유일한 여성공산청년회원이었다. 국내부 성원들은 동지 획득과 당원양성, 그리고 각 부분운동단체에 들어가 그 조직을 내용적으로 장악하려고 하였는데 여성단체에도 이러한 노력을 기울였다.

상해에서 귀국한 주세죽과 허정숙도 경험을 살려 활동하기 시작하였다. 결혼상대였던 박헌영과 임원근이 조선으로 들어오다 체포되어 수감되는 개인사들이 있었지만 1924년부터는 본격적으로 움직이기 시작하였다.

사회주의적 여성해방론을 주창하며 조직된 국내 최초의 여성단체는 조선여성동우회이다. 1924년 5월에 창립된 조선여성동우회는 발기인은 박원희·정종명·김필애·정칠성·김현제·주세죽·허정숙 등이었다. 조선여성동우회의 <선언문>과 강령은 종래 여성운동에서 찾아볼 수 없었던 사회주의의 무산계급 여성의 해방을 표방하였다. 표현은 일제 검열로 둔탁하게 되었지만 조선사회에서는 중대 사건이라 할 수 있었다.

선언문에서는 경제변천의 역사와 함께 출현한 사유재산과 계급사회, 가부장적 결혼제도, 성차별주의 등에 의한 여성 노예적 상태를 짚고, 무산계급 여성들이 자본주의, 유산계급 남성의 임금과 성적 착취 하에 있음을 지적하였다. 전 무산계급의 단결로 지배계급의 남성권력과 자본(주의)의 굴레에서 벗어나자며 무산여성의 해방을 선언하였다.

조선여성동우회(이하 동우회)는 창립 당시 18명이었고 서울만의 조직이었으나, 1925년 말엔 73명이 되었다. 회원 연령은 20~26세가 가장 많았고 회원들의 직업은 학생이 가장 많았다. 이외 의사·간호부·산파·교원·기자·직공·가정부인 등이었다. 여성대중단체라기 보다 사상단체 성격이 강하였다. 과거 다수의 여성단체들이 여성들에 대한 일반적 교육계몽을 주된 활동으로 삼았으나 동우회는 무산계급 여성의 해방을 주된 활동목표로 삼아 활동내용은 주로 사회주의 여성해방의식을 깨우치기 위해 여성문제에 대한 강연회를 개최하고, 연구를 위해 연구반을 만들고 토론회 간담회 등을 열었다. 또한 정미소·제사공장·고무공장 등에서 임금 착취·성차별·민족차별 등으로 고생하는 여자

노동자들의 투쟁을 지원하고 위로음악회 등의 활동을 하였다.

　점차 사회주의적 색채를 띠는 지역의 여성운동이 확산되고 1923년 경성고무여직공들의 동맹파업, 1924년 3월엔 인천선미여성노동자들의 동맹파업 등이 전개되었다. 인천선미여성노동자들의 동맹파업을 계기로 동우회의 주요간부인 주세죽과 정칠성이 인천노동총동맹에 파견되어 상무집행위원으로 활동하였다. 이들의 지도활동을 바탕으로 그해 10월 12일 인천선미여공조합이 조직되었다.

　동우회의 활동은 영향력이 커져가고 있기는 하였으나 활동내용은 여전히 계몽적인 것이 많았다. 일제에 의해 활동을 통제받았던 상황에서 조선공산당 등 국내 운동과 코민테른 등의 국제선과의 관계에서 주도권을 확보하려는 움직임으로 인해 남성들의 갈등이 여성단체 내에서도 영향을 미쳐 파벌간 갈등 문제도 활동에 걸림돌로 작용하고 있었다. 이러한 문제는 경성여자청년동맹 (1925.1.)이나 경성여자청년회(1925.2.) 등 청년단체가 조직되는 과정에서도 드러났다. 당시 사회주의계 여성의 수는 제한되어 있는데 비슷한 성격의 단체들이 만들어지니 내실을 기하는 활동을 하기도 어려웠다. 단체 구성원들도 정칠성 정종명 같이 자수성가형도 있지만 대부분 여유있는 계층 출신 여성들로 구성되어 있었다. 지역의 사회주의 여성단체나 청년단체가 조직되고 있었지만 사회주의여성들이 지향하는 여성해방운동을 위해서는 무엇보다도 여성운동의 중심을 잡아 대중성을 확보하는 것이 중요한 과제로 제기되었다.

　1925년 3월 일본 동경에서 조직된 삼월회는 이현

1925년 8월에서 9월경 단발한 세 여성
좌로부터 허정숙 주세죽 고명자

정칠성
(1928년 1월 6일 동아일보)

조선의 여의사들, 서있는 여성 우측 첫 번째가 유영준
(기독신보 1926. 12. 8)

경·황신덕 등 여성유학생들이 중심이 된 것으로 "무산계급 해방과 한국여성의 계급적 인습적 구속 및 민족적 압박 철폐"를 목표로 사회주의 사상을 연구했다. 처음엔 연구모임성격이 강하였지만 점차 민족차별문제와 관련하여 일본내 활동을 확장해 일본의 사회주의 단체들과 연대하는 활동을 벌였다. 이때 조선에서 활동하던 정칠성도 와서 합류하였다. 이러한 인적 관계에 기초하여 일본 유학생들은 귀국 후에 근우회의 조직에 참여하게 되었다.

1920년대 중반 민족주의 여성운동과 사회주의 여성운동 사이에 활동의 연차가 상당히 있었지만 여성대중으로 접근하려는 과제를 안고 있었고 두 계통의 운동을 함께 경험한 인물들도 상당수 있었다. 이것이 근우회를 창립하는 힘으로 작용하였던 것으로 보인다. 근우회 탄생 직전인 1926년 12월 두 계열이 연합하여 '직업여성의 친선 도모'를 목적으로 한 '망월구락부'를 조직했고 1927년 2월에는 국내에서 '동경여자유학생친목회'를 조직하였다. 게다가 신간회가 창립되어 민족역량의 통일이라는 것이 당시 사회의 주요 과제로 제기되었다.

5월 27일 창립된 근우회는 21명의 집행위원에 민족주의계와 사회주의계를 균형있게 구성한 중앙집행위원회를 출범하였다. 근우회는 조직구성은 처음부터 회장제가 아닌 위원회제였고 1928년 전국대회까지는 중앙집행위원회로 운영되었다. (근우회의 운동 목표와 강령 등은 이 책의 신영숙 글 참고)

근우회의 집행위원은 다양한 활동영역에 있던 이들로 구성되어 있지만 특히 주목할 경력의 소유자는 박신우다. 박신우(박아니시야 1898?-?)는 연해주 2세로 1926년 모스크바 공산대학을 졸업하고 그해 말 공산대학부터 동지였던 남편인 김규열(1890-1934)[2]과 함께 귀국하여 조선여성동우회와 근우회에 활동하였다. 그는 근우회 창립초기인 1927년 7인의 상무위원 중 1인으로서 선전조직부(이 부서의 부서원은 박신우, 유각경, 정칠성, 정종명)를 맡아 선전·조직 분야의 장단기 사업 계획안을 만든 인물로 1927년까지 활동하였는데 근우회에 합류한 다양한 인물구성을 보여주는 구체적인 예이다.

근우회가 활동을 본격화하기 시작하자 전국에 설립된 지회의 활동가로 근우회의 집행부를 구성하게 되었다. 당시 지방의 지회는 다수가 사회주의계 영향 하에 있었으므로 1928년 임시전

근우회 전국임시대회 1928. 7.16.

국대회에서 선출된 제2대 중앙집행위원와 중앙검사위원은 사회주의계가 압도적 다수를 구성하게 되었다. 좌파 집행부의 구성에 반발한 김활란·황애덕 등은 공식적 입장발표도 없이 근우회를 탈퇴하였다. 그러나 민족주의계나 기독교계 전부는 아니었고 유각경이나 김선 등은 계속적인 활동을 하였다.

근우회는 일제시기 대표적인 전국적인 여성조직으로서 1930년까지 모두 64개의 지회와 수천에서 일만 정도로 추정되는 회원을 가졌다. 조직체계로는 중앙이 중앙(상임)집행위원회, 지방은 지회도연합회 혹은 총지회-지회-반 체

---

2) 남편 김규열은 1923년 3월 열린 전조선청년당대회에서 코민테른과 연계를 목적으로 대표자 3명을 파견했던 인물이고 업무 이후 남아 공산대학 진학하였으므로 국내 기반을 가진 인물이었다.

제로 정비되었는데 도연합회는 이루지 못하였다. 한편 반 조직은 대중과 직접 접촉하는 공간으로 근우회 사회주의계측이 매우 공들인 부분이었다.

1929년 9월 『근우』에서 허정숙은 근우회가 여성독자조직으로 근우회가 출현한 배경을 언급했다. '조선사회의 객체적 조건이나 여성 주체적 조건에 있어 여성운동이 성별조직의 단계(중략) 이 조직체를 통하지 않으면 결국 여성의 대중을 실제상 사회적 의식에 각성과 그 조직을 가지게 할 수 없는 것이 현하 조선여성운동의 사회적 조건이다'라 하였다. 코민테른은 기본적으로 여성독자조직을 경계하였으나 동양의 특수한 역사적 상황에 따른 여성독자조직은 인정하였다. 하지만 이 경계는 불안하였다.

1930년에는 전년의 광주학생운동을 이어 서울에서 여학생연합만세시위가 근우회 간부 허정숙, 박차정 그리고 이화여고보 최복순 등에 의해 기획되었다. 동덕·숙명·경성여자상업·실천·정신·근화·태화 등 서울의 사립중고등여학교가 연합시위를 벌였다. 100명에 가까운 여학생들이 경찰에 연행된 일대 대사건이었다. 이들이 이렇게 함께 할 수 있었던 것은 사회주의 성격의 독서회 등이 조직되어 학교를 넘어 서로 연계할 수 있는 조직의 힘이 있었기 때문이다. 그런데 이 시위로 사회주의계 활동가들이 대거 검거되자 근우회는 민족주의계가 주도하게 되었다.

근우회에 소속된 여성사회주의운동가들은 신간회도 동시 가입해 있던 인물들이 꽤 있었다. 1930년 근우회 활동이 위축되자 사회주의 여성운동가들 중에는 당재건준비로 나아가는 이들이 늘었다. 신간회에서 해소론이 제기되고 근우회에서도 1931년이 되면 해소 문제가 제기되었다. 그러나 근우회는 이를 결정할 전국대회가 지방대의원들이 출석하지 않아 정원 부족으로 여러 번 연기되다가 정식 해소결의를 못한 채 1934년 현재 근우회 활동은 공평동 근우회관에 간판만 달려있는 상태로 침체되었고, 1937년 현재 평양 근우회 지회회관만 하나 남아있는 정도가 되어 자연 소멸상태에 빠졌다.

03 1930년대 이후
사회주의 항일여성운동

 1930년대 이후 여성사회주의자들의 운동은 노동자 농민 조직에 기초하여 아래로부터의 당을 건설한다는 운동방침에 의거하였다. 이는 코민테른 12월 테제와 관련되어 있었다. 12월 테제란 1928년 12월 10일 코민테른 정치비서부가 채택한 조선문제결정서이다. 코민테른 6차대회에서 조선공산당 승인을 취소하였고 1930년 프로핀테른 집행국의 9월 테제와 범태평양노동조합비서부의 10월 서신 등은 기존운동의 개량주의성을 지적하고 혁명적 노동조합 조직을 강조하였다. 이러한 움직임은 신간회나 근우회 등에도 영향을 미쳤다. 코민테른에서 신간회나 근우회의 해소를 직접적으로 지시하지는 않았지만 당시 운동의 기본 방침이 노동자 농민에 기반한 조직을 하라라는 점을 고려할 때 그러한 해석으로 나아갈 수 있었다. 운동가들이 주체적으로 정세판단하여 다양한 대응할 수 있었겠으나 조선의 사회주의자들은 해소라는 방향으로 나아가기 시작하였다. 그리고 1930년대 전반기의 운동방향은 생산현장에서의 혁명적 대중조직을 건설-> 지역별·산업별 공산주의자 그룹의 결성-> 당재건준비조직의 결성-> 당재건이라는 방향이 일반적이었고 기본적으로는 계급성을 강조하였다.

 이러한 운동방침에 대해 과연 우리에게 적합한 방침이었는지 문제를 제기할 수 있다. 특히 세계대공황이 시작되고 후발자본주의 국가였던 일본은

1920년대의 형식적 자유조차 배제하고 1930년대는 파쇼적 지배체제로 전환하고 있었다. 더 악랄해지는 일제의 탄압 속에 공개적 공간이 없어지는 방침을 수행하는 것이 적절할 것인가. 그리고 계급적 방침을 강화하는 것이 당시 조선 상황에서 여성문제와 관련해서도 대중성을 확보하는 것이 되었을 것인가 등은 생각해 볼 만한 문제이다. 그런데 당시 조선은 이러한 것에 대해 대응할 충분한 역량을 갖추었다고 보기는 어려웠다.

1929년부터 국제적 운동방침을 반영한 운동들이 나타나기 시작하였다. 1920년대부터 여성해방운동가로서 활동하였던 정종명은 1930년에 이미 중국에서 온 오성세(1907~1932)와 당준비위원회에 가입하여 신간회와 근우회 간부의 신분을 이용하여 조직사업에 종사하였다. 1931년 조선공산당 재건국내공작위원회(혹은 재건설준비위원회, 이후 노동조합전국평의회조직준비회로 바뀜)로 검거되어 3년형을 받아 1935년 7월이 되어서야 출옥하였다. 이외

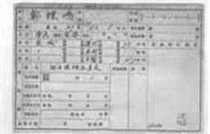

정종명, 일제감시대상인물카드(1931년)

에도 여러 지역에서 새로운 운동방침에 기초한 조직들이 명멸하고 있었다.

1930년대 초에 여성대중의 진출과 여성들의 고유의 요구가 담긴 투쟁을 간단히 살펴보자. 1932년 제주도 해녀투쟁, 평양의 고무공장 여성노동자 투쟁 등이 그 예이다. 1932년 1월 제주도 잠녀(해녀)투쟁은 일제 식민지 시기에 일어났던 최대의 여성투쟁이었다. 생산자로서 자신들의 정당한 경제적 요구를

쟁취하기 위해 제주도 북부해안 등지에서 수천명의 잠녀들이 일제히 일어났다. 잠녀들의 투쟁은 공동판매 때 해산물 가격사정, 등급검사, 기타 해녀조합의 부정으로 인한 문제로 이미 1920년대부터 문제가 되어 1930년 9월 투쟁, 1930년 11월 제주도 해녀조합에 대한 격문살포 등이 있었다. 1932년 1월의 잠녀투쟁은 그 중 가장 조직적이고 대규모적인 투쟁이었다. 요구조건에서 가장 기본적인 내용은 해녀조합의 운영권을 확보하는 데 있었다. 이에 대한 요구는 부분적으로 수용되었지만 잠녀시위 이후 일제가 답한 것은 주동인물에 대한 일대 검거였다. 그러나 대부분 풀려나고 검거된 잠녀는 3명이었고 이들도 실형을 받지는 않았다. 실형을 받은 이들은 모두 남성들로 제주도 조선공산당 재건조직(일명 제주도 야체아카) 관계자들이었다. 이것을 통하여 여성들은 생계중심적으로 보고 놓아주고 남성사회주의자들이 해녀들을 조직하고 부추켰다고 보고 남성중심으로 탄압한 일제 검경의 시선을 알 수 있다. 아무튼 이 잠녀투쟁은 기본적으로 그들의 노동의 결과물인 해산물의 처리 과정의 부조리에 대한 문제인식이 있었고 또 이들은 야학이나 조직활동을 통해 식민지 조선문제를 체험하였기에 이러한 투쟁을 전개할 수 있었다.

한편 여성노동자들은 경제공황의 영향 속에서 열악한 임금조차 다시 인하되는 등의 조치로 큰 타격을 입었다. 이에 부산방직회사 파업 등이 1930년 초두부터 발생하였다. 여기서는 여성노동자와 사회주의운동가 등의 결합을 통해 파업 등이 일어났던 서울의 고무공업, 제사공업에 종사하던 여성노동자들의 움직임을 주로 살펴보자.

고무공업에는 기혼여성노동자들이 상대적으로 많았고 작업기간이 짧아 고용이 불안정한 경우가 많았다. 1930년 8월 평양은 고무공장 총파업이 지역차원에서 일어나 임금인하 및 해고 반대 등 19개 조건을 내걸고 싸웠는데 이때 '산전산후 3주간 휴양 및 생활보장, 수유시간 자유' 등도 포함되어 있었다. 을밀대 위의 노동자로 유명한 강주룡(1901-1932)은 바로 고무공업노동자였다.

강주룡

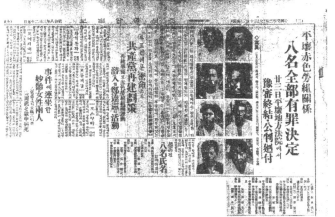

강주룡과 정달헌 등에 대한 신문기사(조선중앙일보 1933.3.23.)

그는 남편 최전빈(1906-1923)이 만주에서 의용군에 가입하여 독립운동을 하다가 병으로 사망하자 가족들과 귀국하여 1930년경엔 평양에서 생계유지를 위해 평원고무공장에 취업하였다. 1931년 5월에 평원고무공장의 여성노동자들은 '임금인하 반대, 검사원 축출' 등의 요구를 내세워 파업을 하는 한편 강주룡은 여성노동자들의 요구를 대중에게 널리 알리기 위해 을밀대 지붕위에 올라가 고공투쟁이라는 새로운 투쟁을 시도하였다.

이때 그의 투쟁은 단순히 단위 공장차원의 것은 아니었다. 강주룡은 1931년경 정달헌 등과 조선공산당 재건을 지향하는 평양적색노동조합운동조직에 참여하여 공장파업을 주도하였던 것이다. 조직의 책임자였던 정달헌은 1926년 모스크바 공산대학에 입학하여 이론과 실천운동을 교육받고 노동대중 내조직을 위해 국내로 들어왔다. 이 조직에는 여성으로서 강주룡 이외에도 근우회 평양지회 서기이던 조영옥(23세)이 관여되어 있었다. 그도 평양 고무공장 내에 산업별 적색노동조합조직을 결성하려다가 검거된 것이었다.

모스크바 공산대학 출신들이 꾸준히 국내로 들어와서 조직활동을 벌였는데 공산대학에서 교육받은 조선인의 수는 얼마나 될까. 기존연구를 근거하여 계산하면 국내 작업과 관련된 인물이 100여 명에 연해주 만주 등지에 배치된 조선계가 50여 명 정도 되었다. 100여명의 사람들이 조선에 들어온 시기는 1920년대 후반에서 1930년대에 집중되어 있었다. 이들이 각지에 배치되어 평양의 고무공장만이 아니라 원산·함흥·전라도 등지에서도 조선공산당재건 준비를 위한 조직활동을 벌였다.

여기서 주목해 보고 싶은 것은 여학생 출신자들의 활동이다. 근우회와 청년 조직에서 여학생 움직임이 눈에 띄게 늘었고 1930년 서울의 여학생시위 이후 여학생들의 노동현장으로의 진출이 많아졌다. 맹휴 등을 통해 학교나 일제에 항거하고 이로 인해 퇴학당하거나 구속된 이후 혹은 졸업 후 꽤 많은 여성들이 노동현장으로 들어갔다. 한편으로 학생들을 규합 조직하고 자신과 조직원의 인식수준을 높이기 위해 독서회를 조직하여 활동하였다.

언론지면이나 일제자료에는 1930년대엔 운동을 주도한 인물로 남성을 부각시키고 있었지만 자세히 들여다 보면 특히 학생층에서 배출된 여성들이 학교와 기존 여성단체 및 노동현장과의 결합도가 상당하여 공장 내 실제 운동에서 지도자로서 역할을 수행하고 있었다. 이것이 남성운동가들이 여학생 출신을 주목한 이유였다.

1930년대 전반기 서울에서 일어난 파업투쟁 중 여성들이 주도한 것을 통해 이 시기 조직운동과 파업투쟁의 모습을 살펴보자. 1933년에 서울의 파업투쟁은 1933년 8월과 9월, 1934년 고무공업과 제사공업에 집중되었다. 요구조건은 노동시간 축소(편창제사는 12시간이었음)나 임금문제(별표고무) 같은 일반적인 문제만이 아니라 일본인과 조선인 여공과의 식사차별 철폐(편창)과 같은 민족 차별문제, 기숙사 여공 외출 금지규정 개정(편창), 청부제 반대, 동노동임, 부인 아동의 연기계약제 및 매매제 절대반대와 같은 여성보호와 관련된 문제도 제기되었다. 나아가 다른 회사 동맹파업 여직공이라고 해고한 노동자를 복귀시킬 것(소화제사) 등 노동환경과 관련된 다양한 문제들을 제기하였다.

이외에도 고려고무, 동명고무, 조선견직, 서울고무 등에서도 임금문제, 제품검사에서 불합리한 문제를 가지고 파업을 일으켰다. 서울고무의 경우 내부에선 허균·지순이·맹계임이, 외부에선 유순희·이종희 등이 맡았으며 이를 다시 이재유·이순금 등이 배후에서 지도하는 형태를 취하였다. 이 여성노동운동가 중에는 박진홍·이순금·이종희·이병희·이효정 등이 동덕여고보 출신이었고 허균은 고학당 출신이었다.

충남 당진출신 허균 (1904-?, 일명 허마리아)은 1928년 서울에서 고학당에 다니다가 학비문제로 자퇴한 이후 고무회사 등 공장에 취업하고 여러 사회단체활동에 참여하였다. 1930년 3월에는 근우회 경동

허균, 일제감시대상인물카드(1935년)

지회 설립을 주도하여 집행위원, 서무부장을 하였고 중앙청년동맹 남부지부의 집행위원, 신간회 경동지회, 조선여자고학생상조회 등에서도 활동하였다. 그는 1929년 6월경에 지하에 조선혁명자동맹을 조직하였다가 1932년 9월엔 이를 해체하였다. 12월 4일 서울에 적색노동조합을 창립하려다가 치안유지법 및 출판법 위반 등으로 검거되었으나 불기소처분되었다. 그는 이후에 양잠지도원 시절에 활동하던 철원으로 활동지를 옮기는데 이곳에서 1933년 5월 철원독서회사건으로 다시 검거되었다가 풀려나자 위 1933년 9월의 서울고무에서 파업을 지도하였다. 당시 교통이나 통신이 그리 발달되지 않았던 시절인데

도 불구하고 그의 활동범위는 놀라운 수준이었다. 자신의 연고지와 다양한 인적 망을 최대한 이용하여 조직활동범위를 확대해 갔다.

1928년부터 1936년까지 치안유지법 위반자 219명의 여성에 대한 자료 (『사상휘보』11호, 1937.6)를 보면 219명 중 173명은 기소유예 처분을 받았고 기소인원은 46명이었다. 이들의 나이는 17세 이하가 21명, 18-20세 93명, 20-25세 87명, 26-30세 14명, 31-34세 3명, 36-40세 1명이었다. 이 회원 연령분포는 조선여성동우회가 20~26세에 가장 집중된 것을 상기하면 확실히 더 어려졌음을 알 수 있다. 직업은 무직자 112명, 학생 41명, 노동자 37명, 전문직 15명, 농업12명, 기타2명이었다. 교육정도는 무교육 17명(8%), 초등 정도 93명(43%), 중등정도 104명(47명), 고등 5명(2%)으로 민중층의 참여가 상당히 늘었음을 알 수 있다.

1935년 코민테른 제7차 대회에서 채택된 반파쇼인민전선, 반제민족통일전선방침은 1930년대 전반의 일정한 관성이 작용하면서도 점차적으로 수용되어갔다. 특히 1937년 7월 중일전쟁이 발발한 이후 일제의 파쇼체제가 강화되자 조선에서는 파시즘과 제국주의 전쟁에 반대하는 투쟁이 절실한 과제로 등장하게 되었다. 따라서 활동가들은 변화된 정세에 맞추어 전술방침도 바꾸어 나갔다. 그래서 1935년 이후 인민전선운동 방침은 대중적인 반일민족통일전선체 및 그 하부조직의 건설->당재건이었으나 시기에 따라 지역에 따라 조금씩 다르게 진행되었다. 다만 1920년대와 같은 합법공간은 매우 축소되어졌고 운동방침을 조율해 나갈 수 있는 조직적 기반도 많이 약화되었다.

이러한 어려운 시기에도 여성노동자들의 파업투쟁에는 '일본인과 조선인 간의 식사 차별대우 철폐''일본인 악질감독을 축출''조선인 여성노동자에 대한 희롱을 엄금'(1938년 7월 평양 제사공장) 등을 내걸었고 이도 안되자 여성노동자들은 집단탈주라는 새로운 투쟁형태를 취하였다.여기에 일제 지배정책 반대, 반전 투쟁의 성격이 강화되었다.

이러한 운동방향은 곧 농민운동에도 수용되었다. 정평, 성진, 홍원, 영흥, 문천, 왜관 등 국내 각 지역에서 농민조합이 조직되거나 재조직되었다. 이러한 농민조직에서는 여성 조합원에 대해 1920년대 근우회에서 주장하였을 법한 내용들이 언급되고 있었다. 즉 '현재 여성에 대해서는 남존여비, 현모양처주의, 삼종지도, 칠거지악, 매매혼제도 등 정치경제문화방면에서 자유는 전혀 구속되어 있다. 이 특수한 불평을 격발하기 위해 교양훈련지도를 한다.'' 결혼문제에 대해서는 강제결혼반대, 결혼자유획득, 당사자간의 의견을 존중해야 할 것이다. 그러나 혁명이 될 때까지 결혼을 기다린다는 식의 말을 해서는 안되고 혼기가 오면 부모의 봉건적 타협을 이용하여 결혼할 것'(성진) 등이다.

여성운동가들이 외부로 가서 성장하거나 외부로부터 들어오지 않는 이상 당시 여성을 위한 교육활동은 야학이 가장 일반적 형태였다. 야학 등을 통해 문자해독뿐만 아니라 혁명이론, 혁명가의 학습, 데모, 경찰관 혹은 관청습격 등 일제 관헌과의 관계에서 운동을 보호하고 투쟁을 강화하기 위한 노력을 하고 있었다. 그리고 『부인론』(정평), 『조합부인강좌뉴스』(영흥)와 같은 책이나 「부인의 권리」(경성), 「근로하는 부녀」(북청)라는 강연을 하였다. 연극도 적극 활용되어 함남 함주에서는 「아리랑 고개를 넘어간다」, 「자유를 찾아서」 등의 제목으로 민족해방운동의 필요성과 새 사회 건설의 전망을 제시하였다.

만주에서부터 국경지방에 이르기까지 많은 반일세력을 규합한 재만한인조국광복회가 1936년 6월 조직되고 국내에 조선민족해방동맹이 만들어졌다. 1937년 6월의 보천보전투는 이에 기초하여 가능하였다. 이재유가 검거된 이후 표면운동이 그리 활발하지 못한 시기였기 때문에 조선사회에 상당한 영향을 주었다.

조선민족해방동맹은 선언에서 '전민족의 계급, 성별, 지위, 당파, 연령, 종교 등의 차별을 불문하고 백의 동포는 일치단결 궐기하여 구적 일본놈들과 싸워 조국을 광복시킬 것'이라 하여 전반적 기조를 반일 세력을 모으는데 집중하였다. 그리하여 일본의 침략군사시설의 파괴, 군사수송 방해활동을 벌였다. 여성조직의 활동방침은 '조국광복회 영도하에 부녀부를 결성하며 이에 항일의식을 주입하여 무장대 출동시 정신적 위안과 물질적 원조'를 하는 것이었다.

이후에도 1939년 이관술, 김삼룡 등이 결성한 경성콤그룹이 있어 1941년 대탄압을 받기까지 주요산업지와 서울의 태창직물회사와 경성방직 등에서 여성노동자 조직을 만들고 교육활동을 벌였다. 경성콤그룹은 대탄압을 거치면서 대부분 지하활동으로 들어갔다. 모든 정치세력이 일제 탄압하에 숨죽이고 있는 그 시점에도 1944년 남은 구성원들과 공산주의자협의회를 구성하여 활동방향을 모색하였다. 김태준 박진홍은 이러한 구성원들과의 논의 후에 망명하게 된 것이었다.

04 사회주의 여성운동가들의 삶과 운동

일제시기 사회주의 여성운동가 중에 가장 주목을 끄는 인물은 허정숙과 박진홍이 아닐까 한다. 여기서는 이들의 운동가로서의 삶만이 아니라 여성의 성과 사랑 그리고 아지트키퍼라는 특정 역할에 얽힌 이야기를 함께 다뤄보려고 한다. 여기서 다루는 범위는 거의 국내로 한정한다. 다른 사회주의 여성운동가의 연보는 부록으로 정리하였다.

허정숙은 아버지를 변호사인 허헌으로 두고 있다는 점 때문에 그의 삶을 온전히 보지 못하는 경우가 많은 것 같다. 허정숙이 부친의 안전울타리를 뛰어넘어 스스로의 삶을 결정하기 시작한 첫 걸음이 일본 고베의 신학교를 그만두고 상해로 간 것이라 하겠다. 1921년 전후한 이 시기가 그가 사회주의자로 성장하는데 매우 중요하였다. 하지만 본격적인 활동은 국내에 들어와서이다.

귀국한 이후 허정숙은 이전에 관련하였던 조선여자교육회(후신 조선여자교육협회)에서 활동하는 한편 1924년에는 상해에서 함께 활동하였던 주세죽과 국내에 있던 정종명 박원희 등과 함께 조선여성동우회를 창립하고 집행위원으로 활동하였다.

허정숙은 상해에서 만난 임원근과 자신의 독립의지로 결혼을 하였다. 1925년 조선공산당이 결성된 후 그해 말 공산당조직이 일제에게 발각되자 임원근이 검거되었다. 그런데 허정숙은 남편이 감옥에 있는 중에 화요계인 자신이나 남편과 다른 계열의 북풍회계의 송봉우와 연애하고 임원근에게 이혼을 요구하였다. 이는 당시 여성으로선 특히 감옥에 남편을 둔 여성이라는 점에서 큰 비난을 받았다. 두 번째 남편인 송봉우와의 관계도 그의 전향과 함께 끝이 났다. 이후 중국으로 망명을 갈 때는 서울청년회계 최창익과 함께였다. 이렇게 계열을 달리한 인물들과의 교류는 우연일까. 허정숙의 남성운동가와의 관계를 당대 사회에서는 비난하고 가십거리로 삼았지만 허정숙 자신은 당당하게 대응하였다. 이는 여성에게만 정조나 본능 억제를 요구하는 사회를 비판하고 남성과의 관계에 스스로를 얽매게 하지 않는다는 나름의 원칙을 가졌기 때문으로 보인다. 허정숙의 이러한 태도는 '조선의 콜론타이'라는 별명처럼 콜론타이에게 영향을 받았겠지만, 한편으론 사회주의운동가는 아니었지만 1910년대와 1920년대에 걸쳐 활약한 김원주·나혜석·김명순과 같은 여성지식인들의 연애관과 정조관에서도 영향을 받았을 것으로 본다.

그는 이미 이전부터 여성해방은 봉건적 잔재로 인한 여성의 억압에서, 그리고 경제적으로 또는 성적으로 이중 삼중의 노예관계에서의 해방이어야 한다고 보았다. 여성이 해방되려면 결국 가정과 남자로부터 해방되어야 하는데 경제력을 갖추어야 가능하다고 보았다. 이외에도 신여성지에 '가정은 지옥'이라는 글을 쓰는 등 가정만이 아니라 도덕·유교·기독교에 대한 비판과 부정에 거침이 없었다. 허정숙이 지향한 가족은 여성의 성을 억압하는 방식으로 작동하는 기존 가족이 아니라 콜론타이가 말한 공동체 가족형태가 아니었을까. 사회에서는 여성의 정조, 수절 등이 여전히 미덕으로 수용되고 있던 시기에 그가 지향한 가족형태는 당시 남성들은 물론 여성 사회주의자들에게도 충분히 납득된 것은 아니었던

여학생 시위로 수감된 허정숙
(1930년)

것 같다. 아무튼 허정숙은 1930년 근우회 간부로서 여학생시위를 주도한 것으로 피검되어 수형생활을 한 후 1932년 출소하여 1934년 중국으로 망명하였다.

1920년대 전반까지 호기심의 대상이었던 신여성은 20년대 중후반이 되면 신문잡지에서 이들을 비난하거나 혐오적인 방향으로 글을 쓰는 경향이 나타나고 있었다. 언론은 지금이나 예나 남성적 시각이 주로 반영된다. 신여성이나 여성사회주의자들에 대해 사소한 문제조차 트집잡기 식의 기사로 여성들을 당혹하게 하는 경우가 많았다. 이에 대해 1927년에 이미 정종명이 근우회 이름으로 「풍기숙청에 필요, 별건곤에 대한 비판과 요망」주제로 '별건곤은 취미와 실익을 중심으로 하는 잡지'(중략)지만 '조선이 아즉 조선이요 주위의 환경이 또한 다른 나라와 다른 터이니까 사람을 비평한다든지 누구의 비행을 풍자 공격하는 데에도 다소 참작을 하야 앞으로는 될 수 있는데까지 좀 필봉을 낮추고 특히 초기운동에 있는 여성에 관한 기사에 대하야 많은 고려를 하야 주셨으면 좋을 것 같'다고 조심스러운 제언을 하였다.

사회주의여성들은 이러한 사회분위기 속에서 적극적으로 지상논쟁을 통해 문제를 지적하고 여성들의 활동의 장을 확대해 나가려고 하였다. 이러한 논의에 참가한 것은 궁극적으로는 신여성들이 비난이나 비판에 대해 여성 선배로서 여성들의 변호인과 방어막이 되고자 한 의도가 있었다고 본다. 그러나 당시 언론의 생리가 이러한 입장을 수용할 수준이 못되었다. 그래서 결국 1930년에 가면 근우회에서는 별건곤이 '당시 여성운동자들을 중상하는 기사를 실어서 여성운동에 적지 않은 모욕적 태도'(중외일보 1930.3.16.) 등을 이유로 비매동맹을 하는데 이르렀다. 이는 전국적 움직임으로 진행되었던 것으로 보인다. 이러한 여성사회주의자들의 대응은, 1920년대 초 신여성들이 자신들에 대한 공격에 대해 일대일 대응에 그친 것에 비해서는, 상당히 성숙되고 자매애에 기초한 집단적 대응이었던 것 아닐까.

1930년대에 들면 사회주의운동은 공개적인 활동보다 조선공산당재건준비운동이 주된 활동이 되었다. 조선공산당재건 준비든 재건운동이든 당 조직을 지향하는 운동 이 자체가 일제에게 즉각적인 탄압과 체포의 명목이 되었으므로 사회주의운동은 대부분 지하로 들어갈 수밖에 없었다. 이러한 환경의 변화는 자연적으로 1920년대 공개적인 활동을 해 왔던 여성사회주의자들의 활동은 위축되고 새로운 세대가 전면에 나오게 되는 계기가 되었다.

그 대표적 인물들이 박진홍·이순금·허균 등이다.

박진홍은 명천출신으로 상경하여 동덕여고보를 다녔다. 동덕여고보가 생긴 이래 가장 우수하다는 이야기를 들을 정도로 총명하였고 학생활동에도 열심이었다. 1931년 동덕여고보에서 벌어진 학교시설과 관련한 동맹휴교 때 퇴학을 당하였다. 이때 이관술과 신명균이 동덕여고보의 교사로 있었다. 박진홍은 퇴학당한 이후 공장에 들어가 노동하면서 여러 학교 학생들과 독서회연대모임인 경성학생RS협의회를 조직하여 활동하였다. 1932년엔 이 활동으로 피검되었는데 거의 2년에 가까운 수감생활 후 1933년 11월에 예심면소로 석방되었다.

이재유의 도피생활 중 첫 아지트키퍼가 되어 준 이순금이 1934년 1월 체포된 이후, 1934년 8월 초순 이재유는 처음 만난 박진홍에게 "내가 금후 운동을 계속하고 싶은데 아지트키퍼 한사람 필요하므로 안내하여 달라"고 의뢰한 바 그녀는 "현재는 다른 사람과 연락할 수 없으므로 내가 하겠다"고 하여 아지트키퍼를 수용하였다. 아지트키퍼라는 것은 1930년대 일제의 감시망을 뚫고 지속적인 비밀지하운동을 하기 위한 방안으로 나온 역할이었다.[4] 박진홍은 이재유의 아지트키퍼 시기에 이관술을 이재유에게 연결해 주는 등 여러 가지 지원

---

4) 이러한 용어는 일본공산당에서부터 비롯된 것으로 보이는데, 하우스키퍼 혹은 아지트키퍼로 불렸는데 은신처를 보호하고 방어하며 조직원 사이에 연락을 취하는 것이 주 역할이었다. 이재유 등의 일제 검경기록 등에서 확인된다.

을 하였다. 아지트키퍼라고 하여 지시를 일방적으로 받기만 한 관계는 아니었다. 이는 이순금과 이재유 관계도 그러하였을 것으로 보인다. 특히 이재유는 1932년 12월 출옥 후 국내에서 운동을 뿌리내리기 위해 노력하였다. 종전 운동에 대한 반성과 운동방향 등을 자기비판문에 써서 박진홍을 비롯하여 주위 사람들에 보여 충고를 수용하고 있었다. 아지트키퍼로서 가장 가까이 있던 박진홍은 이재유가 너무 직접적으로 대중과의 접촉하는 것을 경계하여 주의해야 한다는 등의 의견을 내었다. 박진홍은 아지트키퍼의 역할을 통해 이재유의 활동을 지원하면서도 스스로 학생들과의 독서회를 꾸리고 노동현장에서 노동자를 조직하거나 노동자운동을 지원하는 역할을 계속하고 있었다. 이것은 이순금도 마찬가지였을 것으로 보인다. 이러한 점을 볼 때 소위 이들은 아지트키퍼라고 남성운동가에게 종속되어 있지는 않았던 것으로 생각된다. 이재유가 오래 활동할 수 있었던 것은 이런 여성들의 도움이 컸던 것이다.

아지트키퍼는 여성들이 주로 맡았기 때문에, 여성을 전통적인 역할분업 방식으로 또 여성들을 보조적이고 소비적인 위치에 두는 것이 아닌가하는 비판을 받을 여지는 충분히 있었다. 또 아지트키퍼 등은 남녀가 동거하는 형태를 취하기 때문에 자주 연인관계나 사실혼관계가 되곤 하였다. 박진홍과 이재유 사이에서도 이러한 문제가 있었다. 박진홍과 만나기 전 이재유는 고향에 부인이 있었으나 부인은 아이를 낳고 단란한 가정을 꾸리는 것이어서 함께 살 수 없다고 생각하여 감옥에서 면회를 않고 결혼관계를 끊고자 하였다. 그의 부인은 결국 재가하였다. 이러한 이재유였으므로 그가 단란한 가정을 꾸리기 위해 연애를 한다는 것은 생각하지 않았을 것으로 보이나 현실은 달랐다. 박진홍은 그와 사이에서 아들을 감옥에서 낳았고 일찍 잃었다. 이러한 상황에서도 중요한 문제는 여성의 주체적인 결단

이순금, 일제감시대상인물 카드 (1934년)

여부라고 본다. 이순금이나 박진홍이 아지트키퍼를 수용한 것은 분명히 자신의 결정에 의한 것이었다.

그런데 이러한 역할이나 상황을 여성이 모르는 상태에서 요구된 것이라면 어떻게 평가해야 할까. 이것도 경우의 수가 있다고 하겠다. 당시 한 시대 속에 다양한 문화와 관습, 사상 등이 혼재해 있었다. 독립운동은 늘 압박하는 일본 관헌들의 존재로 불안함 속에 수행되어야만 했다.

박진홍은 이재유와의 동거 중 1935년 1월 소위 '용산적색노동조합'사건으로 피검되었다. 이때도 이재유는 성공적으로 도피하여 1936년 12월에 피검될 때까지 조직활동을 지속하였다. 이재유는 전향하지 않아 1941년의 「조선 사상범 예방 구금령」5)의 적용을 받아 형기 만료 이후에도 청주보호교도소에서 계속 구금되어 있다가 1944년 10월 26일 사망하였다. 일제하 비밀결사운동 중에 이 정도로 장기간 활동을 할 수 있었던 것은 이재유의 특출난 능력도 있지만 조직방식, 주변인들의 헌신적인 노력의 결과였다. 박진홍은 이후 치안유지법 위반 방조죄(1936년)를 비롯하여 1944년 10월에 이르기까지 끊임없이 운동과 수감생활을 이어갔다. 그와 같은 길을 걷던 이순금은 1939년 마지막 출옥 후에 1941년 9월 수배당했으나 소재불명으로 기소중지되었고 전남 광주로 피신하여 경성콤그룹 조직원간 연락과 지하조직활동을 하는 가운데 해방을 맞이하였다.

박진홍은 1944년 마지막 출옥 후에도 부은 몸을 이끌고 운동선을 연결하기 위해 김태준을 만났다. 주위동료들과 논의하여 활동하기 어려운 국내상황을 벗어나 김태준과 연안으로의 망명을 실행하였다. 해외 망명은 단순히 일제를 피해서라기 보다 처해진 상황을 극복하는 한 방법이라 하겠다. 국내에서 활동

---

5) 「치안 유지법」을 위반하여 형에 처해진 경력이 있는 자를 그 집행을 마치고 석방된 이후에도 필요한 경우 검경이 법원의 영장 없이도 자의적으로 계속하여 구금하거나 일정하게 제재할 수 있도록 하는 내용의 반인권적인 법임.

하였던 여성사회주의자들 중 중국으로 망명한 이들은 허정숙, 박차정, 박진홍 등을 들 수 있다. 이처럼 여성사회주의자들의 현실인식은 남성들과의 관계에 의해 종속적으로 만들어진 것이 아니라 자신이 직접 체득한 것이었다. 그리하여 일제하 엄혹한 상황에서도 여성으로서 위축되지 않고 현실에 부딪치며 성장해 갔다.

사회주의 여성들의 자유연애나 활동은 언론에 의해 가십거리로 보도되었고 이들의 실천, 시도가 가진 의미는 무시된 채 비판대 위에 세워지곤 하였다. 이러한 행위는 사회적 강자인 남성이 제시하는 틀 내에 여성들을 종속시키는 것이었고 또 한편으로는 일제의 제국 통치방식인 가족논리에 순응하게 한 것이었다. 당시 운동에서 떠난 여성들이 가정을 수호 단위로서 잡고 남녀평등을 가정 내 평등으로 축소시키고 대신 일본제국주의 선전에 나선 경우도 꽤 있었다. 이 모습이 과연 진정한 남녀평등을 이루었다 할 수 있을까. 유영준이 해방 후 민주여성동맹 위원장으로서 '여남평등 이룩하여 평등조선 건설하자!'라고

동덕여학교 시절 박진홍
(매일신보1937.4.30.)

박진홍, 일제감시대상인물카드(1938년)

한 그의 일성은 해방기에 처음 나온 것은 아니었다.

해방 후 연안에서 귀국한 박진홍은, 조선부녀총동맹 등에서 활동하면서 몇 개 글을 남겼는데 아래 글은 박진홍과 대담한 글이다.

> "부부가 이러고 다니느라고 가정적인 단란한 맛은 통 없어요. 동덕 때부터 난 문학소녀였고 사회생활이란 그리 오래되지 못했지요. 10년의 감옥생활을 빼면 이제 겨우 스물세 살이라니까요. 그래서 이따금씩 꿈을 그리다가 현실 앞에 깜짝 놀라곤 해요. 가정은 민주주의적이긴 합니다. 서로 다 혁명운동에 리해가 있지요. 그러나 집사람도 봉건의식이 조금은 남아 있어요. 내가 무얼 쓰면 여자가 저런 걸 쓴다고 퍽 신기하게 여겨요. 호호 호호. 우리 부녀운동이 물론 봉건도덕에 얽매여버리는 극우적인 현상도 잘못이지마는 너무 가정을 경멸파괴하고 남편을 투쟁대상으로 삼는 것은 극좌적인 오류예요. 현단계에 있어서는 부부가 단결해서 혁명의 기초가 되어야 할 줄 압니다."('여류혁명가를 찾아서3' 박진홍, '부부가 단결하여 혁명의 기초 세우자' 〈독립신보〉 1946년 11월 15일)

여기서 '10년의 감옥생활을 빼면 이제 겨우 스물세 살'이라는 말 속에서 그의 혁명적 삶을 볼 수 있다. 그리고 자신이 무얼 쓰면 신기해 하는 당대의 유명한 학자이자 운동가인 남편 김태준을 오히려 '집사람'이라고 표현하는 호기로운 모습도 보인다. 유영준이 '여남평등'으로 표현했던 것과도 일맥상통한다. 당시 사회주의 여성운동가들이 가정이나 사회에서 사회문제만이 아니라 일상생활의 용어에도 다양한 논의와 실천을 하고 있었던 것 아닐까.

05 사회주의 여성해방운동사의 완성을 향한 과제

　여성사회주의자들은 8.15와 한국전쟁을 거치면서 남에서는 공개적인 활동을 거의 할 수 없게 되었다. 그러자 꽤 많은 이들이 정부수립 직전에 북에서 열린 <전조선정당사회단체대표자연석회의>를 위해 북으로 갔다가 머무르거나 한국전쟁기에 월북을 하였다. 그리고 남에 남은 이들은 미군정과 이승만정부의 탄압과 한국전쟁으로 희생되고 사회의 표면에서 사라졌다. 새로운 국가수립의 열망을 안고 북으로 간 사회주의자들의 삶도 쉽지 않았다. 유영준, 허정숙 등 몇몇을 제외하고는 북측의 정세에 의해 숙청을 당하거나 생명을 구하였다고 해도 많은 곡절이 있었다. 그리고 현재는 복권되었다고 하나, 스탈린 집권기에 소련에서 활동하던 김규열과 박신우, 김단야와 주세죽 등의 사회주의 운동가들도 처형 혹은 유배 등의 처벌을 받았다. 집권권력과 배치되는 이념과 위치에 있던 사회주의자들은 남북을 막론하고 역사서술에서도 오랫동안 배제되어왔다.

　한국역사학에서 민족해방운동사의 빈곤함은 우리 역사 자체의 빈곤함에서가 아니라 분단이라는 상황에서 비롯된 것이다. 사회주의운동은 일제하에서 가장 강력하고 지속적으로 대중과 함께 하였던 운동이었다. 그러나 이 운동이 부정 혹은 축소됨으로써 일제시기 독립운동사는 축소왜곡되어 기록되고 교육되어 왔다. 사회주의운동까지 포괄하여 우리 독립운동을 보게 되면 엄청난 세계적 네트워크를 가지고 전개되었음을 알 수 있을 것이다.

이 글은 기록이 적은 조선 내에서 주로 활동한 여성사회주의자, 사회주의여성해방운동을 다루었기 때문에 당시의 포부와 지향을 충분히 전달하지 못하였다. 이들의 목소리나 마음을 부분적으로 담은 것은 문학이었다. 이 시기 스스로 체험하고 친구와 오빠를 통해 듣고 본 것을 담은 임순득(1915-?)과 같은 문학인들은 실로 "'침묵'당한 새로운 세대 사회주의 여성활동가들의 대변자"(이상경)가 되었다. 그리고 파편처럼 남아 있는 이들의 활동을 통해 그들이 만들려 한 우리 사회의 모습, 성과 계급에서 해방된 평등사회를 함께 그려본다면 의미가 없지만은 않을 것이다. 이것이야말로 오늘 남북의 과제를 원점에 서서 살피는 것이 될 것이기 때문이다.

한국정부가 표창한 독립운동가 중 여성사회주의자는 주세죽(1901-1953), 김조이(1904-?), 강주룡(1901-1932), 박원희(1898-1928), 정종명(1896-?), 이효정(1913-2000) 등이다. 이글에서 언급한 여성사회주의자들을 생각하더라도 극히 일부임을 알 수 있다. 그러나 남측 정부가 위의 표창이나마 한 것도 획기적인 일로 노무현 정부부터이다. 독립운동가 전체가 그러하지만 남북이 분단되어 있는 한 특히 사회주의 운동가에 대한 연구나 평가는 여전히 제한적일 수 밖에 없다. 그래서 우리가 제대로

이효정

된 독립운동사를 쓴다는 것은 남북의 미래를 기획하고 실천하는 일이기도 하다. 이 점에서 앞으로 많은 연구, 토론과 논의가 있기를 기대한다.

1930년대의 운동에서 50년을 뛰어 넘은 시점, 1987년 6월 민주화투쟁 시기에 드물게 남측에 생존하였던 이효정은 〈멈추어라〉(『회상』, 1989)라는 시를 남겼다. 그가 말한 '끌려가는 학생'들은 그때의 학생들만이 아니라 일제시기부터 이어져 온 민중의 투쟁과 그 억압에 대한 일갈이 아니었을까.

〈멈추어라〉

살을 저미는 아픔이
가물 탄 눈물을 짜내고
외치고 싶은 목마름 목이 잠긴다
그만 쏘아라
그만 던져라
한 피가 흐르는 우리들이 아니냐
네 살을 네가 찢어
뉘를 살리고 뉘를 죽이려는 것이냐
발길에 차이며 질질 끌려가는 학생들
처참한 짐승의 몰골이다.
증오와 분노에 불이 붙는다. 독가스에 독감을 앓는 사람들
목이 따갑다 눈이 아프다
제발 멈추어라
제발 멈추어라
모두의 바램이다
한 피가 흐르는 우리들이 아니냐

참고문헌

국사편찬위원회 한국역사정보통합시스템, 국가기록원, 국가보훈처 홈페이지.

동아일보, 조선일보.

국사편찬위원회, 『한국사 49: 민족운동의 분화와 대중운동』, 2001.

국사편찬위원회, 『한국사 50: 전시체제와 민족운동』, 2001.

권수현, 「허정숙의 여성론 재구성」, 『페미니즘 연구』, 10(1), 2010.

김경일, 『이재유 나의 시대 나의 혁명 – 1930년대 서울의 혁명운동』, 푸른역사, 2007.

김경일 외, 『한국 근대 여성 63인의 초상』, 한국학중앙연구원, 2015.

김용직, 『김태준 평전』, 일지사, 2007.

김준엽·김창순, 『한국공산주의운동사』2,3, 고려대 아세아문제연구소, 1972-3.

박순섭, 「1920~30년대 정칠성의 사회주의운동과 여성해방론」, 『여성과 역사』제26집, 2017.

신영숙, 「일제시기 여성운동가의 삶과 그 특성 연구 – 조신성과 허정숙을 중심으로」, 역사학회, 『역사학보』
　　　155호, 1996.

오미일, 「일제식민지 현실과 사회주의 여성 박진홍 –비밀지하투쟁의 레포로 활약」, 『역사비평』, 1992.11.

이상경, 『임순득, 대안적 여성 주체를 향하여』, 소명출판, 2012.

이상경, 「1930년대 사회주의 여성에 관한 연구 : 경성 꼼그룹 관련 여성들을 중심으로」, 『성평등연구』
　　　Vol.10, 2006.

이애숙, 「정종명의 삶과 투쟁 : 민족과 여성의 해방을 위해 싸운 한 여성투사 이야기」, 『여성』, 한국여성연구소편,
　　　창작과비평사, 1989.1.

이임하, 『조선의 페미니스트– 식민지 일상에 맞선 여성들의 이야기』, 철수와영희, 2019.

임경석, 『이정 박헌영 일대기』, 역사비평사, 2004.

임경석, 「종로 네거리가 좁았던 여성운동가 박신우」, 『한겨레21』, 제1312호, 2020.5.8.

임경석, 『한국사회주의의 기원』, 역사비평사, 2003.

장영은, 「아지트 키퍼와 하우스 키퍼–여성 사회주의자의 연애와 입지」, 『대동문화연구』64, 2008.

전상숙, 「'조선여성동우회'를 통해서 본 식민지 초기 사회주의 여성지식인의 여성해방론」, 『한국정치외교사
　　　논총』22, 2000.

한국여성연구회 여성사분과 편, 『한국여성사–근대편』(공저), 풀빛, 1992.

한국역사연구회 1930년대 연구반, 『일제하 사회주의운동사』, 한길사, 1991.

여성사로
읽는
항일독립운동

III

대종교 여성들의
항일독립운동

이 숙 화

01 대종교 여성 연구의 필요성

　　대종교는 1909년 음력 1월 15일 국권회복을 목적으로 창설되었다. 일제의 한반도 강점 36년 동안 대종교는 1대 교조(教祖) 나철(羅喆, 재임기 1909. 2~1916. 8), 2대 교주 김교헌(金教獻, 재임기 1916. 9~1923. 12), 3대 교주 윤세복(尹世復, 재임기 1924. 1~1960. 2)으로 이어지는 항일투쟁의 긴 길을 걸었다. 특히 대종교는 1910년대 간도지역의 민족교육운동을 주도한 데 이어 1920년 대한군정서(일명 북로군정서)를 설립하여 청산리전투를 치르고, 신민부 결성, 한족총연합회 활동에 이르기까지 항일독립운동의 주역으로써 한국 독립운동사에 중요한 위치를 차지하고 있다.

　　대종교의 항일역량은 1910년대, 1920년대 별로 그 성격을 달리했다. 1910년대는 나철과 김교헌을 중심으로 단군에 대한 숭봉의식을 높이고 민족의 응집력을 키우는 데 집중하였다. 이 기간에 나철은 단군과 관련된 개천절, 어천절을 제정하여 한국인이라면 누구나 '배달민족'으로서 공동체 의식을 갖는데 토대를 마련했다. 단기연호를 사용하고 백두산을 민족의 영산으로 알리는데도 그의 역할이 컸다. 김교헌은 『단조사고』·『신단실기』·『배달족역사』·『신단민사』 등 역사서를 저술하여 민족의 고유한 역사와 문화를 정립하는데 일익을 담당했다. 이렇게 민족의 주체성과 독립을 강조한 '대종교의 정신'은 일제강점기 동안 국내외 동포들의 민족의식 형성과 결집에 중요한 동력이 되었다.

1920년대 대종교의 항일역량은 독립전쟁에 집중되었다. 1911년 전후로 나철과 대부분의 지도부는 독립운동을 위해 만주와 상하이로 이주하였다. 현 지린성(吉林省) 허룽시(和龍市) 청호촌(淸湖村)에 총본사를 설립하고, 한반도 및 만주, 상하이, 러시아 연해주 등 국내외 지역에서 독립운동을 전개하였다. 이들은 1919년 2월 지린성에서의 「대한독립선언서」 선포에 주도적으로 참여했고, 3·1운동 이후에는 북간도 최고의 독립군단체인 대한군정서를 조직하여, 1920년 10월 청산리전투에서 승리하는 위업을 올렸다.

　지금까지 대종교의 항일독립운동에 관한 연구는 전적으로 남자 독립운동가와 그들의 활동에 집중되어 왔다. 여느 종교 단체나 마찬가지로 대종교도 남녀 교인들로 구성되었다. 그러나 유독 일제강점기에 활동했던 대종교 여성에 관한 기록은 전무한 실정이다. 그 이유는 다음 세 가지로 요약된다. 첫째, 대종교 내부적으로 여자 교인들에 관한 기록이 거의 없다. 여성들은 교단 내 활동이든 항일운동이든 전면에 나선 경우가 매우 드물다. 또한, 여성들이 쓴 기록, 혹은 여성에 관한 기록 자체가 없다.

　둘째, 일제강점기에 대종교는 남성 중심의 종교였다. 일반적으로 종교에서는 교인의 수행과 자질에 따라 주어지는 자격이 있다. 예컨대 대종교에서는 참교(參敎)→지교(知敎)→상교(尙敎)→정교(正敎)→사교(司敎)의 단계를 거친다. 이렇게 단계에 따라 수여되는 품계를 '교질(敎秩)'이라고 한다. 1922년에 기록된 대종교 교인 명부인 『종문영질(宗門榮秩)』에는 참교부터 도사교에 이르기까지 남자 교인들의 이름이 골고루

대종교 1대 교조 나철

분포되었다. 그러나 여자 교인은 지교까지만 확인된다.[1] 명부에 오른 남자 교인의 수는 665명이지만 여자 교인의 수는 56명이다. 남자 지교가 128명인데 반해 여자 지교는 단지 5명에 불과하다. 교질 대상에 여성 교인이 적은 것은 전체 교인 중에 여성의 숫자가 적은 이유도 있지만, 높은 지위일수록 여성들이 자연스럽게 배제되었을 것으로 생각된다.

셋째, 대종교의 교리(敎理)에는 여성문제와 관련된 부분이 없었다. 3대 교주 윤세복은 독립운동 중에 여성 문제에 관심을 기울이지 못했던 것을 가장 후회한다고 밝힌 바 있다. 윤세복의 회고는 일제강점기 동안 대종교의 종교적 지향과 무관하지 않다. 대종교는 창립 때부터 절대독립의 기치 아래 민족해방과 독립운동을 가장 큰 목표에 두었다. 천도교나 기독교가 사회문제에 관여했던 것과는 다른 길을 걸었다. 대종교인들의 종교 활동이 무장투쟁으로 이어지면서 남자들은 독립전쟁의 전방에서 활동했고, 여자들은 후방에서 지원하거나 가족을 부양하는 구조였다. 그렇지만 이러한 여성들의 활동은 지금까지도 독립운동으로 평가되지 못하고 있다.

중국 허룽시 대종교 삼종사 묘역
왼쪽부터 서일, 나철, 김교헌의 묘
(필자 제공)

---

1) 1922년 기록인 『종문영질(宗門榮秩)』은 대종교 교인들이 각 단계별로 교질을 받은 날짜를 기록한 명부이다. 영예로운 교질이라는 뜻에서 '영질(榮秩)'이라고 한다.

최근 한국독립운동사 연구 성과에 의하면 봉오동·청산리전투에서 여성들의 '후방 지원'은 두 전투의 중요한 전승 요인으로 평가되고 있다. 청산리전투 지역은 대종교총본사가 있던 곳으로, 대종교 교인들의 집단촌이기도 했다. 대한군정서군은 이러한 마을 주민들, 특히 여성들의 후방 지원을 받으며 전투를 이어갔다. 북간도에 있었던 대한군정서를 비롯해 대한국민회, 대한신민단, 광복단 등 북간도에 설립된 독립군단체는 각각의 종교단체를 기반으로 설립·운영되었던 점에서 만주 지역 항일여성운동은 종교와 관련하여 특별히 주목할 필요가 있다.

　이러한 문제의식과 함께 이 글에서는 대종교의 항일운동에서 여성들은 어떤 역할을 했는지, 또 여성들의 항일운동은 남성들의 그것과 어떻게 달랐는지 살펴보고자 한다. 그 구체적인 사례로서 먼저 청산리전투에서 독립군의 후방 지원에 나섰던 무명의 여성들에 대해, 둘째, 가족전체가 대종교 교인이면서 상하이 대한민국임시정부에서 독립운동에 참여했던 오건해(吳健海)·신순호(申順浩) 모녀와 그 가족들에 대해, 마지막으로 대종교인 조완구의 아내 홍정식(洪政植)과 대종교인 정신(鄭信)의 아내 이함(李涵)의 항일운동을 조명하고자 한다. 홍정식과 이함은 독립운동가 명단에는 없으며 그들의 활동도 연구되지 않았다. 이 글을 통해 처음으로 소개한다.

02 대종교 인물과 독립운동

　1909년 음력 1월 15일, 서울 종로구 재동 나철의 집에서 대종교 중광식(重光式)이 열렸다. '중광'이란 옛것을 되살려 다시 일으킨다는 의미로, 대종교에서는 단군의 말씀을 세상에 알려 거듭 빛낸다는 뜻으로 사용한다. 대종교 중광의 중심인물은 나철이다. 중광식은 운양 김윤식이 후원했으며, 오기호, 김인식, 이기, 김동필, 윤주찬 등 애국계몽운동에 참여했던 여러 지사들의 입교로 이루어졌다.

　1910년 8월 29일 일제의 식민통치가 시작되자 나철은 독립운동을 위해 만주 북간도로 대종교본사를 이전하고, 주요 지도부들을 상하이, 만주, 러시아 연해주 등지로 파견하여 국외독립운동 기지건설을 추진해갔다. 나철과 함께 독립운동에 참여했던 인물들을 활동 지역별로 분류하면 다음과 같다.

　먼저, 상하이 지역으로 진출하여 독립운동 세력을 형성한 경우이다. 상하이에는 대종교 정신에 뿌리 깊은 신규식이 독립운동의 기반을 만들었다. 신규식은 1909년 7월경 대종교에 입교한 뒤 1911년 상하이로 건너가 직접 대종교 시교당(施敎堂)을 세우고 포교 활동을 시작했다. 신규식은 중국 혁명지사들과 접촉하며 상해에 독립운동의 기지를 구축하였고, 이어 대종교 교인인 박은식, 신채호, 이동녕, 조완구, 조성환 등이 동제사, 박달학원 등을 설립하여 청년들을 교육하며 독립운동을 이끌었다. 상하이에 대한민국임시정부가 수립된 이

닝안 대종교 총본사 터 (발해진) : 1934년 닝안으로 이전한 대종교의 총본사와 대종학원이 있었던 곳

후 개천절·어천절[2] 등 단군 기념행사를 공식 기념절로 거행한 배경에는 이처럼 신규식과 대종교인들의 활동이 있었기에 가능했다.

그 다음, 만주 및 러시아 연해주 지역에서 활동했던 대종교 교인들이 있다. 이들은 항일무장투쟁에 나섰던 인물들로 서일, 현천묵, 박찬익, 김좌진, 계화, 정신, 김혁, 이장녕, 김동삼 등 우리가 잘 알고 있는 독립운동가들이다. 서일, 박찬익, 현천묵, 계화, 정신 등은 1911년 무장단체인 중광단을 설립하고, 민족학교를 세워 독립군 양성에 주력하였다. 서일은 3.1운동 후에 중광단을 대한군정서로 확대하고 김좌진, 이장녕, 지청천 등 육군무관학교 출신의 독립군과 신흥무관학교 출신 독립군을 교관으로 대거 영입하여 대한군정서를 북간도 최고의 독립군단체로 키웠다. 러시아 연해주 지역에서는 이상설, 이동녕,

---

2) 대종교에서는 단군이 탄생한 날을 개천절(開天節)이라 하고, 단군이 지상에 내려와 선정(善政)을 베풀다가 아사달산에서 승천한 날을 가리켜 어천절(御天節)이라고 한다. 대종교에서는 1909년 음 10월 3일 처음 개천절 제의를 지냈고, 어천절 기념제는 1910년 음 3월 15일에 처음 시작했다. 두 기념제는 대한민국 임시정부에서도 지내다가 광복 후에 개천절만 국경일로 제정되었다.

백순, 고평 등이 권업회를 중심으로 대종교와 연계하여 활동했다.

　마지막으로, 서간도 및 국내에서 교육, 언론, 역사, 한글 연구 등 여러 분야에서 활동한 인물들이 있다. 윤세복은 1911년 서간도 지역인 환런(桓仁)에 동창학교를 세워 독립군 양성에 매진하였다. 박은식은 동창학교에서 학생들을 가르치며 『동명성왕실기』·『발해태조건국사』·『천개소문』·『대동고대사론』·『명림답부전』·『몽배금태조』 등을 저술하였다. 국내에서는 유근, 장지연 등 언론계의 인사와 주시경, 정인보, 이극로, 정열모, 최현배, 권덕규 등 조선어학회에 관계했던 한글학자들이 대종교 신앙과 함께 독립운동을 이끌었던 주역들이다.

　일제는 항일독립운동의 전면에 있던 대종교 교인들을 '불령선인(不逞鮮人)'으로, 그리고 대종교를 '불령단체'로 보았다.[3] 대종교에서 비타협적인 항일투쟁으로 종교 활동을 전개하자 조선총독부는 대종교를 종교로 인정하지 않았던 것이다. 일제는 1915년 8월 16일 조선총독부에서 발포한 「포교규칙」에서 대종교 및 한국의 민족종교를 '유사종교(類似宗敎)'로 규정하여 국내에서 일체의 종교 활동을 금지했다. 일제가 공인한 종교는 신도(神道), 불교, 기독교로 제한되었다. 대종교는 단군신앙을 바탕으로 민족종교로서 창설되었지만 일제의 식민정책에 따라 지속적으로 탄압받았다. 하지만 1910~20년대 국외 민족운동에서 대종교의 영향력이 미치지 않은 곳은 없었다 해도 과언이 아닐 만큼, 독립운동계에 끼친 대종교의 영향력은 그 어떤 종교보다도 컸다.

---

3) 일제는 만주 및 러시아 연해주 지역에서 활동한 한국독립운동가들을 일제의 식민체제에 순응하지 않고 소요(독립운동)을 일으키는 '불령선인(不逞鮮人)'으로, 독립군단체를 '불령단체'로서 비하해서 불렀다. 일제가 규정한 불령선인은 1)일제 및 조선총독부에 항거 또는 저항하는 조선인과 그 세력, 2)독립운동을 한 조선인과 그 세력, 3)일제 및 조선총독부의 훈령 및 지시를 따르지 않는 조선인, 4)일본인을 폭행하거나 살해한 조선인, 5)일제나 조선총독부에 부정적인 인식을 갖고 있는 조선인 또는 그 세력을 말한다.

03 대종교의 여성관과 민족교육

불교, 기독교보다 한국 민족종교의 역사는 매우 짧다. 그러나 동학, 천도교, 증산교, 원불교 등의 교리에 여성의 권리 신장과 계몽이 포함된 것은 한국 민족종교의 특징이기도 하다. 동학은 태동과 함께 남녀평등사상을 강조했다. 수운 최제우의 '시천주(侍天主)', 해월 최시형의 '사인여천(事人如天)'은 남녀에 차별을 두지 않고 사람을 하늘처럼 섬기도록 한 인간해방사상이 들어있다. 이를 천도교의 손병희는 '인내천(人乃天)'으로 계승하였다.

여성 역할의 중요성을 강조한 천도교는 많은 여성 지도자를 배출했다. 1920~30년대 천도교 여성들은 천도교내수단·천도교내성단·천도교여성동맹·천도교청년여성회와 같은 여성단체들을 통해 여성운동과 민족운동을 이끌었다. 주옥경(朱鈺卿)·손광화(孫廣嬅)·김우경(金友卿) 등을 비롯해 천도교의 여성 지도부는 '간부의 부인'으로서가 아니라 단체의 대표, 상무위원, 집행위원 등의 지위를 갖고 직접 활동했다. 특히 천도교여성동맹은 1928년 4월 5일 제1회 전국대표대회에서 근우회 지지를 선언하고 본부 임원 가운데 다수가 근우회 본부 임원으로 활동하였다. 또한, 천도교 측에서 1922년에 『부인』을 창간하고, 1923년에는 『신여성』을 발간하는 등 여성계몽을 위한 사회사업에도 적극 참여하였다.

증산 강일순(姜一淳, 1871~1909)의 '해원상생(解冤相生)' 사상도 사회개혁

성향이 매우 강했다. 강증산은 "후천은 여자가 주인이고 남자가 손님"이므로 후천세상은 여성의 운세임을 강조했다. 증산은 여성의 재가허용을 주장하고, 여성들도 남자와 똑같이 공덕을 쌓아 '여장군'으로서 독립된 인간상을 가져야 한다는 남녀평등 사상을 제시했다.

1916년에 소태산 박중빈이 창시한 원불교 교리에도 남녀평등 의식이 포함되었다. 소태산은 '일원상(一圓相)'을 신앙과 수행의 표본으로 삼아, 원불교 안에서 양반과 상놈, 적자와 서자, 남녀노소 간의 신분차별을 없앴고, 여성도 교육받을 권리와 교육의 기회균등을 주장했다. 소태산은 교단의 의결기관에 여자들로 구성된 수위단 시보단을 조직하고 여성 제자들을 성직자로 키웠다.

이러한 한국 민족종교는 대부분 19세기 말 20세기 초에 발생했다. 때문에 새로운 시대를 맞이하려는 민중의 열망을 종교의 교리에 담아낼 수 있었다. 다만, 대종교는 이들 종교와는 다른 목적을 갖고 출발했다. 대종교는 대한제국이 일제의 보호국체제로 들어간 시기에 성립되었고, 주지하듯이 중광에 참여한 인물들이 대부분 구국지사였다. 이들은 민족과 국권회복을 종교 활동의 우선과제로 두었다. 예컨데, 교인들이 지켜야 할 교칙 중에는 "집안의 유물과 고적(古蹟)을 중요하게 여길 것"이 포함될 만큼, 사회개혁보다는 한국인의 고유문화와 그 습속을 찾아 보존하는 데 역점을 두었다.

민족을 우선시한 대종교의 특성상 나철은 교리를 제정하면서 여성문제까지 고려하지는 않았던 것으로 보인다. 여학생을 위한 야학과 한글 강습 등의 여성 교육은 민족의 역량을 높이기 위한 차원이었고 여성해방과 직접 관계된 것은 아니었다. 국내에서 천도교, 원불교 등이 식민체제 안에서 생활종교로서 존속했다면, 대종교는 식민체제 체제 바깥인 국외에서 절대 독립을 위해 투쟁했기 때문이다. 1933년 만주국 민정부총무사조사과에서 조사한 종교 현황에는 이러한 대종교의 민족관과 교육관을 살펴볼 수 있다.

"대종교의 주지는 한민족의 선조는 백두산에서 나왔고, 중국 민족의 경우 그 갈래에 불과하다. 그러므로 우리는 국권회복에 노력하여 부여 민족의 발전을 꾀하지 않으면 안된다."고 하고 있다. (중략) 시베리아와 만주 지방에서는 그 어떠한 종파에 속하더라도 일반적으로 단군교(대종교를 말함-필자 주)를 신앙하는 자가 많다. 이는 대개 건국한지 오래됨을 자랑으로 여기는 민족적 자존심을 만족시키는데 적합한 역사적 사실이기 때문이다. 종래 조선인이 편찬한 교과서, 기타 서적에 단군기(檀君紀)를 기술하고 있는 것이 대부분 이러한 이유 때문이다." [4)]

인용문에서 보듯이 대종교의 민족교육은 민족 공동체의 자주성과 독립성을 강조한 역사 교육 중심으로 이루어졌다. 민족의 역량을 키우기 위한 교육에는 여성도 포함되었지만, 그 공동체 안에서 내적 질서는 유교적 이념에 따라 남성 중심으로 이루어졌다. 그러므로 다른 민족종교와 달리 교단 내에서 여성 임원이 배출된 사례는 찾아보기 어렵다.

대종교에서 여성들의 사회활동도 다른 종교보다 늦은 1920년대부터 나타났다. 예컨대, 1922년 3월 블라디보스토크에 소재한 대종교계 동흥학교에서

김교헌의 저술서인 『신단실기』(1914)와 『신단민사』(1923)
김교헌의 역사서는 대종교 교인뿐만 아니라 국내외 동포의 역사교육에 널리 사용되었다

4) 민정부총무사조사과, 『在滿朝鮮人事情』, 1933, 84~85쪽.

여자야학부를 설치했고, 북간도에 소재한 동2도본사에서도 남녀청소년을 모아 역사 강습회를 개최하였다. 이 무렵 15세 이상 40세 미만 남녀로 구성된 단체들이 만들어졌는데 상하이에서는 해항청년회, 북간도 용정촌에서는 용정청년회 등이 있었다. 1922년 2월에는 서울 대종교 남도본사에서 음악강습소를 신설하여 여성 50여 명에게 신가(神歌)를 가르쳤다. 교단 안에서 처음으로 여성합창단이 만들어진 것이다.

청산리전투 이후로는 사실상 민족운동세력이 약화되고 사회주의 사상이 독립운동의 새로운 사상으로 대체되는 시기였다. 이 무렵에 이루어진 대종교의 여성교육은 민족운동의 한계를 극복하는 차원에서 이루어졌다고 봐야 할 것이다. 요컨대, 청산리전투에 대한 일본군의 보복으로 '경신참변'을 겪은 동포사회는 더 이상의 민족을 위한 희생과 투쟁보다는 일상의 평화를 원했다. 젊은 층에서는 신시대의 조류로서 사회주의 사상을 수용하는 현상이 크게 나타났고, 더불어 종교 신앙을 봉건적이고 퇴폐적 미신으로 비판하는 반종교운동도 대대적으로 일어났다. 대종교도 반종교운동의 비판을 피해갈 수 없는 상황에서 교단의 존립을 위해 사회주의를 지향하는 청년들의 이탈을 막아야 했다. 당시에 종교주의를 고집했던 기독교의 명동학교, 원종교의 원종학교 등은 결국 반종교운동의 소용돌이에서 교장이 사임하거나 근거지를 옮기는 일까지 나타났다. 이러한 변화에 따라 대종교 지도부는 종교의 사회참여 역할을 강화하였고, 여성들의 역량을 높이기 위한 여자학교 설립과 여자야학부 개설도 이 시기에 집중적으로 이루어졌다. 그러나 대종교의 여성 교육이 여성해방과 어느정도 연관성이 있었는지는 향후 면밀한 검토가 필요하다.

04 청산리전투에서 '후방 지원'

　1910년대 대종교에서 여성들의 활동은 나철의 부인 기길(奇姞)을 통해 가늠할 수 있다. 기길은 교주의 부인이었지만 대종교에서 그녀에게 부여한 특별한 지위나 호칭은 없다. 기길은 1911년 나철과 함께 북간도로 이주한 뒤 박찬익, 박승익, 심근, 현천묵, 백순, 조창용 등과 함께 백두산 인근의 동포 마을로 대종교 포교를 다녔다. 교주의 아내로서 기길은 안살림에만 머물지 않고 일반교인들과 함께 포교활동을 다녔다. 1912년 북간도 청파호의 대종교총본사를 방문했던 정원택이 남긴 『지산외유일기』에 따르면, 대종교총본사에서 개천절, 어천절 기념제가 열릴 때면 천여 명의 동포들이 이곳을 방문했다. 또한 한 마을의 주민 전체가 대종교에 입교하는 일도 있었다. 총본사를 찾아온 방문객들의 식사준비는 기길과 여성 신도들이 준비했을 것이다. 그런데 이러한 여성교인들의 활동은 대종교의 종교사에 기록되어 있지 않다. 남성중심의 사회에서 여성의 내조는 드러내지 않는 것이 미덕이었듯이, 교단 살림을 맡거나 남성들의 대외 활동을 지원한 일은 중요하게 취급되지 않았던 것이다.

　대종교 여성들의 내조와 안살림은 그 자체로서 중요한 것은 아닐 것이다. 그러나 여성들은 교인인 남편과 아들이 독립운동에 투신한 동안 남은 가족들을 지켜야만 했고, 전투가 벌어졌을 때는 그 연장선에서 독립군의 후방 지원에 나섰던 것이다. 예컨데, 대한군정서의 이면에서 보이지 않게 있었던 여성들의 지원을 들 수 있다. 서일과 김좌진이 이끌었던 대한군정서는 왕청(汪淸)에 본부가 있었고, 지방조직으로 경신분국(警信分局)이 있었다. 옌지, 허룽, 안투, 둔화 등지에 설치된 약 40개의 경신분국은 대종교 시교당과도 연결되었다. 이곳의 주요 임무는 본부와 지방간의 통신 연결, 독립군에게 필요한 물자보급, 일본군이동에 관한 정보 수집, 지방으로 출장 간 독립군에게 숙식제공 등이었다. 경신분국은 4인 이상의 담당자가 있는데, 이들은 거의 대종교 교인들이었다. 경신분국은 별도의 건물이 있었던 것은 아니다. 교인의 가옥에 경신분국 깃발을 꽂아두는 것이 전부였다. 군정서에 보낼 보급품 제작은 여성들의 몫이었고, 출장온 독립군의 보살핌은 그 집의 주부가 담당했던 것이다. 또한 대한군정서 총재부나 사령부에 큰 행사가 있을 때면 경신분국에서는 독립군들을 위해 소를 잡아 군부대로 보내곤 했다. 이러한 내용은 군정서의 『사령부일지』에 다음과 같이 기록되어있다.

> 1920년 7월 10일 (토요일) 맑음 (경신 5월 25일)
> 경리국에서 큰소 한 마리를 구입하여 학도들에게 호궤(犒饋)하였다.

> 1920년 7월 15일 (목요일) 맑음 (경신 5월 30일)
> 경신 제1분국 제1·제4 양과에서 사관학도들을 호궤하기 위해서 큰 소 두 마리를 사서 보냈다.

> 1920년 7월 30일 금요일 맑음
> 경신 제1분국 제5과 관내에서 인민들이 갹출하여 소 두 마리를 사서 사관학도의 호궤에 제공하였으므로 소장으로부터 감사장을 주었다.

> 1920년 9월 6일 (월요일) (경신 7월 24일)
> 오전 11시 경 중국 육군 2백여 명이 소왕청으로부터 십리평에 내도하였으므로 사령관·참모장 참모 부장·이범석 교사는 이들을 맞이하여 우대하였다. 큰 소 두 마리와 돼지 한 마리를 잡아 호궤하였다.[5]

또한 여성들은 독립군들이 사용할 이불, 군복 등을 제작해서 군정서 사령부로 보냈다. 일본군의 눈을 피해 산속에 천막을 치고 독립군 군복을 만들어낸 것도 여성들이었다.[6]

여성들의 독립군 지원은 청산리전투에서도 나타났다. 청산리 지역은 대종교인들의 집단 거주지역이기도 했다. 청산리 삼도구(三道溝)에는 박찬익이 설립한 대종교의 첫 해외 시교당이 있었던 만큼 청산리지역은 대종교와 매우 밀접한 곳이다. 대한군정서군이 청산리전투를 앞두고 이곳으로 이동한 이유도 교인들의 지원을 받을 수 있었기 때문이다.

『독립신문』에 「여자의 일편단성」이란 기사에서는 청산리전투에서 여성들의 후방 지원을 다음과 같이 소개하였다.

> "금번 북간도 방면에서 우리 독립군이 왜적으로 더불어 교전할 때에 우리 군은 예기치 않았던 재앙의 전쟁임으로 취사를 제공할 준비가 없었던 것은 사실이었다. 그런데 각 지방에 있는 부인들은 애국하는 일편의 정성으로 음식을 준비하여 가지고 위험을 무릅쓰고 총탄이 분분한 전선에 용감히 나아가 전투에 피로한 군인들에게 음식을 제공하며 위로하였다. 어떤 군인들은 전투에서 분투하여 음식을 먹지 않으려고 하자 부인들이 울며 권하기를 여러분이 만약 음식을 먹지 않으면 우리는 죽음으로써 돌아가지 않겠노라고 하여 기어이 음식을 먹도록 하여 일반 군인들이 큰 위안을 받았다."[7]

청산리로 이동했던 독립군은 갑작스럽게 전투에 임하게 되어 충분한 식량을 준비하지 못했다. 심지어 하루에 1식, 감자 3개로 버텨야 하는 상황에서 일

---

5) 「진중일지」, 『독립운동사자료집』 10. 독립운동사편찬위원회, 1971(이 일기의 원제목은 '사령부일지'이나 독립운동사자료집에 '진중일지'로 편찬되었다).
6) 「間島地方 武力 不逞鮮人 動靜에 관한 件」(1919. 7. 23), 『不逞團關係雜件-朝鮮人의 部-在滿洲의 部』 19, 국사편찬위원회 DB.
7) 「女子의 一片丹誠」, 『독립신문』, 1921. 2. 5.

본군과 전면전에 부딪히자 독립군에게 음식을 제공한 사람들은 다름 아닌 부인들이었다.

대한군정서 부대원 이우석이 남긴 수기에도 전투 중 부인들이 나서서 밥과 음식을 제공한 사실을 다음과 같이 기록으로 남겼다.

> (1920년) 9월 7일 (화요일) 부슬비
> (무기운반을 위해-필자 주) 지방에서 뽑아온 농민 200여 명과 경비대원 30여명이 길을 떠났다. 산길로 산 고개를 타고 훈춘 지방에 가서 민가 가서 자고 국경을 넘어 러시아 국경으로 갔다. 30여 호되는 동포의 부락에서 대기하고 있다. 이곳에서 70여리쯤 가면 해삼위(블라디보스톡-필자 주) 남쪽 항구 안쪽 연안지역이다. 배편으로 이곳까지 가져오면 받아가지고 온다 한다. 2~3일 내로 갈 줄 알았는데 의뢰로 무기매수에 실패되었다는 통지가 왔다. 실패 원인은 화폐가 개혁되어 돈이 못쓰게 된 까닭이다. 그런 즉 그 당시 형편은 돈도 어렵고 동원된 운반대를 돌려보냈다가 다시 동원하기도 어렵다. 기다리자니 200여 명의 식량문제도 문제이고 잠깐 운반하러 왔던 농민들은 농사도 가사도 낭패지경이고, (중략) 30여 호에 200여 명이 숙식을 하자니 매호에 평균 7명씩 배가 되었다. 조그마한 방에 7명이 쪼그리고 잠을 잔다. 여름철이라 한데에서도 잘 수 있으나 그해 따라 장맛비는 매일같이 내린다. 방 안에 갇혀 산다. 우울한 마음은 형론하기 어렵다. 주인 아주머니에 양식 걱정은 아이들의 배고프다 조르는 소리는 참으로 들을 수 없다. 그럭저럭 20일 동안은 끼니를 이었다. 종내는 감자알이 들지 않은 것을 캐기 시작했다. 그래도 끼니를 굶지 않고 살았다."[8]

무기를 구하러 간 200여 명의 독립군 운반 대원을 거의 한 달 동안 돌본 이들은 민가의 여성들이었다. 이우석은 청산리 백운평전투에서도 일본군과 대치상황에서 여성들의 후방 지원으로 용기를 얻었다고 다음과 같이 증언했다.

---

8) 이우석, 『(청산리 대첩)이우석 수기·신흥무관학교』, 독립기념관, 2013, 81~85쪽.

백운평 전투 1920년 10월 20일

"우리는 기적으로 포위를 뚫고 살았다. 먹지 못하고 자지 못하고 싸웠다. 주민들에게 주먹밥을 얻어먹고 싸웠다. 포탄이 비오듯하는 중에 치마 자락의 주먹밥을 던져주는 애국부인들은 독립군의 용기를 백배나 나게 했다. 독립군들에 싸웠다는 것보다 부인들의 애국심이 청산전쟁에 승전을 시킨 줄로 안다. (중략) 나도 낙오가 되어 산에서 헤매다가 천수평에서 멀지 않은 경성촌이라는 데를 들어갔다. 동민들에 말이 "왕청현으로 간다고 합디다. 저기 산으로 가면 수백 명이 지나간 고로 산길이 나 있을 것이요"한다. 그리고 길을 가르쳐 준다. "빨리 가면 만날 것이요."한다. 부인이 밥을 한 보자기 싸서 주며 우리가 먹을 아침밥인데 우리가 또 지어 먹을 요량하고 빨리 가라고 한다. 참으로 눈물이 날 만큼 감사하다. 산으로 들어가니 지나간 길이 환하게 대로같이 뚫렸다."[9]

부인들은 전투가 벌어지는 한가운데로 주먹밥을 만들어 독립군에게 전했고, 전투 후 낙오한 병사들을 보살피고 치료해준 것도 여성들이었다.

"동포에 집을 찾아오니 의군부 군인 3명과 서로군정 학생 2명이 있다. 서로군정서 학생들은 청산리전쟁 소식을 듣기 위하여 북간도에 갔다 온다고 하며 김좌진 선생도 만났다고 한다. 나는 그 밤을 지내고 그 이튿날 연길현 왕바버자라는 부락을 찾아갔다. 김좌진 장군은 떠나가고 (중략) 우리는 야음을 타서 3~4명 조를 짜서 산으로 산으로 경계선을 넘어 동포의 농가에 들어갔다. 사경에서 생환한 것 같다."[10]

독립군에게 주먹밥을 만들어준 여성들, 독립군을 보살펴준 농가의 여성들, 이들이 모두 대종교 교인이라는 주장은 아니다. 다만 청산리 지역이 대종교의 '종교적 성지'라는 특수성을 참고할 때 청산리전투의 후방 지원에 참여했던 여성들의 배경에 대종교와의 연관성은 결코 무관하지 않을 것으로 생각된다.

<hr>

9) 이우석, 『(청산리 대첩)이우석 수기·신흥무관학교』, 101~102쪽.
10) 이우석, 『(청산리 대첩)이우석 수기·신흥무관학교』, 106~107쪽.

05 대종교 여성독립운동가

항일독립운동에 직접 나섰던 대종교 여성들이 전혀 없던 것은 아니다. 이 글에서는 상하이 임시정부에서 활동한 사례, 남편의 내조와 가족생계에 헌신했던 사례, 그리고 독립운동단체를 조직해서 활동했던 사례로 구분해서 살펴보고자 한다.

독립운동가로서 서훈을 받았지만 이들과 대종교와 관계는 거의 알려지지 않은 모녀 독립운동가가 있다. 오건해(1894~1963)와 신순호(1922~2009)이다. 이들은 상하이 대한민국임시정부에서 활동하면서 그 가족이 모두 대종교를 신앙했고, 또한 독립운동에 투신했다. 오건해의 남편 신건호, 신순호의 남편 박영준, 그리고 박영준의 부친 박찬익, 신건호의 친형 신규식(1879~1922)까지 2대에 걸쳐 독립운동에 참여했다.

두 번째로 소개할 인물은 대종교 교인의 아내로서 독립운동에 참여했던 여성들이다. 먼저, 임시정부 의정원이었던 조완구(1881~1952)의 아내 홍정식(1881~1945)을 소개하고자 한다. 조완구는 1909년에 대종교에 입교하여 줄곧 대종교에 깊이 관여하였고, 해방 이후에는 김구의 노선을 따라 활동하다가 한국전쟁 때 납북되었다. 홍정식 역시 대종교를 신앙했다. 홍정식은 독립운동 서훈자가 아니며 독립운동의 전면에서 활동했던 것도 아니다. 그러나 서간도에서 생활했던 이상룡의 손자며느리이자 이병화의 아내인 허은의 안살림, 이회영의 아내 이은숙의 내조가 독립운동이었듯이 홍정식도 독립운동가인 남편을 대신해 시어머니 봉양과 자식 교육을 독립운동으로 여기며 생활했다. 이러한 홍정식의 삶은 독립운동사에서 어떤 위치에 설 수 있는지 생각해 볼 부분이다.

나머지 한 사람은 이함(李涵, 1904~ ?)으로, 독립운동가 정신(鄭信, 1898~1931)의 부인이다. 이함은 북간도에서 간도부인애국회를 발기하고직접 항일운동을 이끌었다. 지금까지 한국독립운동사에서 간도부인애국회와 관련해 이함의 이름만 간단하게 소개되어있다.

모녀 독립운동가 오건해와 신순호

오건해(1894~1963)는 충청북도 청주 출신이다. 1926년경부터 남편 신건식(1889~1963)이 중국 상하이 대한민국임시정부 재무부차장을 역임할 당시 임시정부의 안살림을 맡아 독립운동가들을 도왔다.

오건해와 신건식은 부부 독립운동가로서 모두 서훈을 받았고, 여식 신순호(1922~2009), 사위 박영준(1911~1976)도 독립운동가로서 서훈을 받았다. 박영준의 부친인 남파 박찬익은 임시정부 법무부장관을 역임했다. 신건식의 조카 신형호도 독립운동을 했으며 신규식의 사위 민필호와 그의 여식 민영주도 독립운동가로서 서훈을 받았다. 오건해와 신순호 뿐만 아니라 박영준의 본가 가족까지 모두 대종교를 신앙했던 사실은 지금까지 잘 알려지지 않은 사실이다.

대한민국임시정부에서 오건해와 신건식은 김구, 박찬익 등 독립운동가들을 모셨고, 창사(長沙)에서 지낼 때는 이동녕을 모시며 지냈다. 1938년 창사 임시정부에서 회의 중 이운한에게 총상을 입은 김구가 병상에서 퇴원 후 오건해의 극진한 간호로 회복한 일화는 유명하다. 충칭(重慶) 임시정부에서 김구가 홀로 시내에서 거주하고 있을 때도 오건해의 보살핌이 있었다고 한다. 박영준은

왼쪽부터 오건해, 신순호, 신건식

"독립운동가치고 오건해 여사가 만들어 준 음식을 먹어보지 못한 사람이라면 독립운동가가 아니라는 말이 있을 정도로 음식 솜씨 좋은 오건해 여사는 언제나 동지들 뒷바라지에 평생을 보낸 분"[11]이라며 독립운동가에 대한 오건해의 돌봄 활동과 안살림을 독립운동 차원에서 회고하였다.

오건해의 활동은 임정의 안살림에서 그치지 않았다. 1940년 6월 16일 한국독립당 산하 한국혁명여성동맹 창립에 참여하여 방순희(회장), 김효숙(부회장), 김정숙(상임위원 겸 선전부장), 최형록(감찰위원. 조소앙 부인) 등과 함께 임시정부의 독립운동 지원과 독립운동가 자녀 교육을 위해 활동했다. 이때 신순호도 함께 참여했다. 이들은 독립운동가의 자녀들이 민족혼을 잃지 않도록 특히 한글과 역사교육에 철저했다.

신순호는 1922년 1월 22일 충북 청원에서 태어났다. 4살 무렵에 모친 오건해가 상하이로 이주하여 이때부터 임시정부 가족들과 생활을 시작했다. 신순호는 임시정부 요인들의 2세인 지청천의 여식 지복영, 민필호의 여식 민영주, 김두봉의 여식 김상엽 등과 함께 성장했다. 이들의 부친과 가족들은 모두 대종교를 신앙했다. 특히 김두봉은 나철이 생전에 가장 아꼈던 제자라는 점을 고려

11) 박영준, 『한강물 다시 흐르고』, 한국독립유공자협회, 2005.

하면, 임시정부 요인들의 대종교 신앙 정도를 가늠해 볼 수 있다.

신순호는 1938년 광시성(廣西省) 류저우(柳州)에서 지낼 때 한국광복진선 청년공작대 창설에 참여하여 독립을 위한 선전과 홍보 활동을 담당했다. 이어 1940년 9월 17일 한국광복군에 지원하여 선전과에서 활동했다. 선전 대상은 일본군, 혹은 적 점령 지역 내에 거주하고 있는 동포들과 일본군내 한국 국적 의 사병들이 주요한 대상이었다. 이들에게 한국어·중국어·일본어 등으로 된 전단과 벽보를 살포하는 것이 여성광복군들의 주된 임무였다. 신순호는 1942 년 9월부터는 부친을 도와 임시정부 생계위원회 회계부에서 일했고, 1945년 8월에는 임시정부 외무부 정보과에서 근무하였다.

신순호와 박영준의 인연은 독립운동가 집안끼리 맺어진 소위 '동지결혼'으 로 맺어졌다. 이들의 만남은 박영준이 박찬익을 찾아 상하이에 갔을 때 신건 식의 집에서 기숙하면서 시작되었다. 그 이후 충칭에서 머물 때도 박찬익, 신 건식, 지청천 세 사람이 함께 생활했는데, 이러한 인연으로 신건식과 박찬익 은 의형제를 맺었고, 그 자녀들의 결혼도 이어졌다고 한다.

박영준은 임시정부 식구들이 대종교 신앙을 자연스럽게 받아들였다고 전한 다. 그는 자신의 회고록 『한강물 다시흐르고』에서 "어릴 때부터 '대종교=독립 운동' 이라는 생각을 자연스럽게 갖고 마르지 않는 샘물처럼 외세에 대한 투

신순호와 박영준의 결혼증서
(출처: 경기도박물관)

결혼증서는 대한민국임시정부가 발행 한 것으로, 두 사람의 혼인 소개는 민 필호와 엄항섭, 혼인 증명은 조소앙, 주례는 김구가 맡았음을 보여준다.

쟁의 원천이 되었다"라고 했듯이 임시정부 요인들은 대종교를 민족종교로서 당연하게 받아들이고 신앙했던 것 같다.

광복 후에도 이들의 대종교 신앙은 이어졌다. 박찬익은 귀국 전 장개석이 여비와 치료비로 준 400만원을 대종교 경전 간행비로 사용했고, 신순호는 교육시설 확충과 인재양성 등을 위해 임야 6,000평을 대종교 연수원 부지로 기증하였다. 대종교에서는 신순호에게 '대형(大兄)'의 교호(敎號)를 내렸다. 박영준 역시 대종교유지재단 이사장에 취임하여 대종교 발전에 큰 족적을 남겼다.

조완구의 아내, 홍정식의 독립운동

홍정식은 풍산 홍씨로 충청북도 괴산에서 출생했다. 홍정식은 독립운동가 서훈을 받지는 못했지만 홍정식의 여식 조규은이 쓴 『고독한 승리』에서 "어머니 홍정식은 남편 대신 가정을 지켜내는 것을 독립운동으로 여겼던 심지 굳센 여성"이라고 했듯이, 홍정식의 생애는 여성 개인의 삶을 넘어 독립운동과 맞닿아 있었다.

홍정식의 본가에는 친일 인물과 항일운동가가 모두 있었다. 홍정식의 부친은 조선 말기의 관료 홍승목(1874~1925)으로, 그는 통감부 시기부터 친일의 길로 들어 조선총독부 중추원 찬의로서 활동했다. 반면에 10살 연상의 오빠 홍범식은 금산 군수로 재직 중 일제의 한국병탄 소식에 울분을 이기지 못해 1910년 8월 29일 10통의 유서를 남겨두고 자결한 항일지사였다. 홍범식의 아들 홍명희(1888~1968)도 독립운동에 참여했었다. 그는 오산학교, 휘문학교 등에서 교편을 잡았고, 신규식, 박은식과 함께 상하이에서 동제사 활동에 참여했다. 또한 시대일보 사장으로 재직 중 1927년에 신간회 창립 부회장으로 참여하는 등 사회활동에도 폭 넓게 행보하였다.

홍정식의 대종교 입교일은 정확히 알 수 없다. 홍정식이 대종교를 신앙하

게 된 배경도 구체적으로 확인되지는 않았다. 다만 오빠의 반일의식과 자결, 그리고 독립운동에 투신한 남편 조완식을 보면서 홍정식도 항일운동에 참여하는 의식으로 입교한 것이 아닐까 생각된다. 홍정식은 1915년 음력 4월에 참교, 1917년 음력 3월에 지교에 올랐고, 홍정식의 여동생 홍근식(洪勤植)도 1917년에 참교에 올랐다.[12] 홍근식은 경성여자고등보통학교 재봉교사로 재직 중이었다. 지교까지 오른 여성은 나철의 부인 기길을 포함해 홍정식, 유정구(柳貞姤), 강의경(姜儀卿), 김덕립(金德履) 등 다섯 명에 불과했다. 여성 지교들에 관한 자료가 없어 확인할 수는 없지만, 당시 여성으로서 지교에 올랐다면 종교 활동에 상당히 적극적이었을 것으로 짐작된다.

홍정식의 어린 시절은 유교적 가부장제의 단면을 여실히 보여준다. 홍정식이 태어나던 해에 아버지가 나이 어린 소실을 들여와 함께 생활했는데, 그때부터 어머니는 늘 근심에 쌓여 지냈다고 한다. 어머니는 점차 마음의 병이 깊어져 홍정식이 13세 되던 해 49세의 나이로 생을 마감하였고, 그 후 홍정식은 할머니 슬하에서 자랐다. 이러한 배경으로 홍정식은 부친과는 정이 없었고, 조카 홍명희가 홍정식을 가까이 잘 따랐던 것 같다. 홍정식은 3살 때에 이

---

12) 『종문영질』(1922), 대종교총본사.

미 부모가 배필로 정해놓았던 조완구와 15살에 초례(醮禮)를 치르고, 17살에 우례(于禮)한 뒤 시집살이에 들어갔다. 시집에는 홀시어머니에 동갑 남편, 10살 된 시동생, 그리고 집안의 하인 몇 명이 있었지만 실제 집안 살림은 어린 홍정식의 책임이었다. 홍정식은 18살에 첫아들을 낳고, 21살에 둘째, 그리고 1912년 32살에 셋째 딸 규은을 낳았다.

1914년 조완구가 독립운동에 나서면서 가족들이 살고 있던 서울 중구 계동의 집을 정리하여 독립운동가들의 해외 이주 자금으로 사용했다. 홍정식은 살림 규모를 줄여 생계를 이어갔지만 결국 친정의 도움을 받아 재동에 작은 집을 장만할 수 있었다. 그러나 조완구는 '불령선인(不逞鮮人)'으로서 일제의 요시찰 대상이 되었고, 홍정식의 가족들은 늘 일본 헌병보조원으로부터 감시를 받았다. 조규은은 아버지가 독립운동 일선에서 역사의 한쪽을 장식하는 동안 늘 그 뒷전에서는 눈에 띄지 않게 내조했던 어머니의 "쓰라리고 애달팠던 공"이 있었다고 했다. 가정에서 남편의 부재로 홍정식이 가족을 책임지며 살아간 32년 동안, 단 2년의 시간을 제외하고 홍정식은 홀몸으로 가족들을 부양했다. 조완구의 독립운동에는 홍정식과 그 가족들의 희생이 고스란히 따른 것이었다.

홍정식 가족은 북간도 옌지에서 대종교 교인들과 함께 '3.13만세운동'에도 참여했다. 1917년 홍정식은 당시 71세 시모와 세 자식을 데리고 북간도 용정에서 남편 조완구와 재회하여 가족이 함께 생활했지만 그 시간은 2년이 채 되지 않았다. 조완구는 임시정부 수립을 위해 상하이로 떠났고, 용정에 남은 홍정식의 가족은 대종교인들과 함께 생활했다. 용정에는 대종교 도사교 김교헌의 가족과 강호석, 연병환의 가족들이 서로 형님, 아우, 오라버니, 누님이라 부르며 각별하게 지냈다. '3.13만세운동'이 일어났을 때 홍정식의 가족도 대종교인들과 함께 태극기를 만들고 만세운동에 참여했다고 한다.

홍정식은 용정에서 사는 동안 아들을 잃는 아픔도 겪었지만 독립운동가인 남편에게 부담을 주지 않기 위해 온갖 풍상을 겪으며 홀로 두 딸을 길러냈다.

벌레 먹은 콩을 골라내는 일, 톱밥과 대팻밥을 거두는 일, 판매원 등을 하며 모은 돈으로 '싱거미싱' 한 대를 월부로 들여 삯바느질을 했다. 다행히 바느질 솜씨가 뛰어나 돈을 모았으나 제정러시아의 붕괴로 그동안 모아놓은 돈을 하루 아침에 휴지 조각으로 날리는 낭패를 겪기도 했다. 1925년 홍정식은 두 딸을 데리고 다시 고향으로 돌아와 자식들의 교육에 매진해, 두 딸은 사범학교를 졸업하고 교편을 잡았다.

홍정식은 해방의 기쁨을 안지 못한 채 1945년 2월 6일에 영면했다. 평소 "내 눈에 흙 들어가기 전에 왜놈들 망해가는 것을 보고 나라의 독립도 봐야 한다."고 한을 품고 있었으나 그 소망을 이루지 못했다. 조완구가 아내 홍정식에게 보낸 마지막 서신 연락은 1941년 4월로, 홍정식의 회갑 때 보낸 시 한 수였다고 한다.

조완구는 1945년 12월 2일 임시정부 요인들이 환국할 때 함께 입국했다. 조완구는 민족을 위해 일했지만 아내의 마지막 운명을 지켜보지는 못했다. 조규은은 평생 동안 남편과 떨어져 지내며 가족의 짐을 짊어졌던 어머니를 다음과 같이 기렸다.

"어떤 사람은 (아버지 조완구를-필자)"왜 따라다니시지 않으셨나"는 질문을 던질 때 나는 너무도 우리의 심정을 이해하지 못하는 아쉬움을 느끼는 것이다. 물론 아버지의 신념도 신념이려니와 70이 넘은 병들어 노약하신 조모님과 나이 어린 3남매를 모시고 끌고 다녀야하는 절박한 환경에서 독립운동에 몸 바치신 아버지를 따라 다녀야 한다는 것이 아버지의 독립운동에 보탬은 될 수 없고 오히려 고통을 드리는 결과만이 남는다는 것을 잘 아신 우리 아버지와 어머니의 현명한 태도로 생각되어, 그런 안일한 질문을 받을 때마다 우리의 괴로운 심정의 이해 부족에 가끔 분노를 느낀다. 물론 한 가족이 모여서 동거 동행할 수 있는 환경이 조성될 수 있다면 얼마나 좋았으랴 함은 우리라고 못 느끼는 일이 아니나 그럴 수 없던 우리의 처지를 나는 괴로워하고 후회도 해 본다. 그러나 그 길이 오히

려 우리 아버지의 독립운동정신에 위배됨을 느낀 우리 어머니의 의지와
신념에 경탄할 뿐이다. 물론 가족이 모여서 동거 동행할 수 있는 환경이
조성될 수 있다면 얼마나 좋았으랴 함은 우리라고 못 느끼는 일이 아니
나 그럴수 없는 우리의 처지를 나는 괴로워하고 후회도 해 본다. 그러나
그 길이 오히려 우리 아버지의 독립운동정신에 위배됨을 느낀 우리 어머
니의 의지와 신념에 경탄할 뿐이다."[13]

홍정식은 남편의 내조자로서, 가족의 가장으로서 일생을 살았다. 조규은은
홍정식이 늘 "우리같이 혼자 살며 바쁜 생활에다 시간이 쫓기는 여자에게는
매일 머리를 매만지고 얼굴을 다듬는 것은 생활의 불편과 시간낭비이다. 누구
를 위해 화장을 하고 머리를 매만질까 보냐. 무엇때문에 아까운 시간을 허비
할 것이냐."라며, 자신보다 가족을 위해 살았다고 기억했다. 이러한 가족의 삶
에 대해 조규은은 조완구를 "혁명가"로, 홍정식을 "혁명가의 아내"로서 회고
했다.

이함(李涵)의 독립운동

이함은 1902년경에 출생하였다. 1922년경 대한군정서 인사국장 정신(鄭信,
1898~1931)과 결혼하였다. 『대종교중광육십년사』의 「정신의 약력」에 따르면
이함은 동아·조선일보 동삼성(요녕성, 길림성, 흑룡강성) 특파기자로 활동했다.
1923년부터 1925년까지 이함은 정신과 함께 만주답사에 올랐고, 이를 『조선일
보』에 총 43회에 달하는 답사록을 본인의 이름으로 연재한 일도 있다.

정신은 독립운동가로서 잘 알려지지 않은 인물이다. 그는 1898년 함경남도
홍원(洪源) 출생으로, 독립운동 중에 정윤(鄭潤)이라는 이름을 함께 사용했다.
일제에 나라를 잃게되자 만주로 이주하여 1911년 서일과 함께 중광단을 설립

---

13) 조규은, 『고독한 승리』, 한민출판사, 1993, 55~56쪽.

했다. 1919년에는 대한정의단을 설립했고, 대한군정서에서는 총재부에서 인사국장의 중임을 맡았다. 청산리전투 이후로는 영안현에서 김교헌과 함께 민족운동 세력을 결집하고자 대종교부흥운동을 전개했다. 1924년에는 임시정부 국무위원 비서장을 역임했고, 이후 다시 만주로 건너가 1925년에 김좌진, 김혁 등과 함께 신민부를 거쳐 1930년에는 한족총연합회를 창설하였다.

정신의 독립운동에 관한 기록은 많지만 이함의 역할을 확인할 수 있는 기록은 없다. 다만 두 사람이 결혼할 무렵 정신은 대종교에서 중임을 맡고 있었고, 이함 역시 독립운동에 참여하면서 대종교와 밀접하게 관계했을 것으로 생각된다. 이함의 독립운동에 관한 기록은 20세인 1919년에 북간도의 '3·13만세운동'에 참여한 것부터 확인된다. 이함은 왕청 백초구(百草溝)에서 열린 만세운동에 참여했는데, 당시 백초구에는 1,200여 명의 동포들이 모였고, 대종교에서 계화(桂和), 구자선(具子善) 등이 연사로 나와 독립쟁취에 관한 웅변을 이어갔다. 이곳에서 이함도 연단에 나와 강개한 연설로 수많은 동포들의 항일의식을 고취했다.[14]

이어 4월에 이함은 간도애국부인회를 발기하고 항일운동의 전면에 나섰다.[15] 이함의 부인회 활동과 관련해 1922년 11월 30일자 『독립신문』에는 다음과 같이 소개한 바 있다.

"①연전(年前)에(1919년-필자주) 북간도 왕청현 백초구에서 독립선언 축하식을 거행할 때 당시 십팔 세의 머리를 땋은 여자 李涵(지금은 정신씨와 결혼하였음)이란 이가 강개하고 열렬한 연설로써 수만의 군중을 감읍케 하고,

---

14) 「간도부인애국회(墾島婦人愛國會)」, 『독립신문』, 1922. 11. 30.
15) 박용옥의 『여성사』에서 이함의 간도부인애국회는 1921년 4월에 발기하여 1923년 11월 현재 3,000여 명의 회원을 보유했다고 기록되어 있으나 이는 오류로 확인된다(박용옥, 『여성운동』, 독립기념관 한국독립운동사 연구소, 2009, 158쪽). 필자가 위의 본문 인용문을 ①②③으로 구분하고 각각 연도를 밝혔듯이 백초구에 있었던 '독립선언축하식'은 1919년이며 간도부인애국회도 그 해에 발기하였다.

②그해 사월(1919년 4월-필자 주)부터 부인애국회를 발기하여 그후 회원이 삼천여명에 달하였다. 동 여사는 그해 6월경 본국 회령지방에 건너갔다가 적경에게 잡혀 일주간이나 갖은 악형을 당하나 종시 함구무언함으로 적은 증거를 잡지 못하여 곧 놓아 보냈는데, 그는 간도에 돌아온 후에 다시 부인회의 사업을 위하야 각처로 다니며 활동하더니 재작년(1920년-필자 주) 가을 북간도의 참상이 생김으로(경신참변-필자 주) 인하여 동 부인회도 많은 타격을 받는 중,

③동 여사는 작년(1921년-필자 주) 5월에 다시 적경에게 잡혀 또한 1주간이나 악형을 받았되 종시 발설치 아니하였음으로 적은 마침내 아무 증거를 잡지 못하고 그를 방면하였는데 동 부인애국회의 취지는 다음과 같다하더라."[16]

즉, 이함은 1919년 3월 독립선언축하식에 나선 이후 4월에 간도애국부인회를 발기하였다. 이때 모인 여성회원은 3천여 명에 달했다. 이함은 그해 6월 애국부인회 활동으로 함경북도 회령(會寧)에 들어갔다가 일본경찰에 잡혀 일주일 동안 악형을 당했고, 간도로 돌아온 후에도 각 지역을 다니며 활동하다가 1921년에 다시 일본 경찰에 체포되었다.

1919년 2월 길림에서 「대한독립여자선언서」 선포와 함께 국외지역에서 여성들이 주도한 독립운동단체가 일제히 결성되고 있었다. 러시아 연해주 지역 신한촌에서는 이미 1914년부터 이의순(李義橓), 채계복(蔡桂福), 이혜주(李惠柱) 등 기독교인이 주체가 된 부인회가 활동 중에 있었고, 훈춘에서는 9월에 주신덕(朱信德)을 회장으로 한 대한애국부인회가 있었다. 간도에서 이함은 훈춘이나 상해 지역보다 빠른 1919년 4월부터 이미 간도부인애국회를 조직하여 활동한 것으로 보인다.

---

16) 「간도부인애국회(墾島婦人愛國會)」, 『독립신문』, 1922. 11. 30.

『조선일보』에는 이함에 대해 다음과 같이 소개하였다.

　　"근자에 북간도 모지방에서는 삼천여 명의 조선여자로 조직한 애국부
　　인회(愛國婦人會)가 발생되었는데 그들의 사상은 조선민족의 독립을 목
　　적하고 (중략) 그 회 회장으로 있는 이(李) 모씨는 금년에 21세의 묘령 여
　　자로서 그의 웅변은 과연 천재가 있어 부인계의 걸출이라고 말할만한 여
　　장부인데, 그는 일찍이 일본 경관에게 두 번이나 피착되어 무수한 악형을
　　당하였고, 그는 굳세운 다음으로 죽기를 한하고 사실을 자백하지 아니하
　　여 무사히 방면된 바, 그는 목적을 관철하기 위하여 열심으로 독립운동을
　　원조하는 중이라더라." [17]

　　이함을 '21세 묘령의 여자' 혹은 '부인계의 걸출한 여장부'라고 표현했듯이 이
함은 뛰어난 지도력을 발휘하며 여성들의 항일운동을 주도해 나갔다.

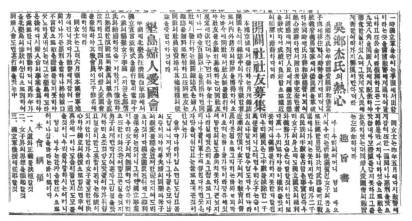

『독립신문』에 소개된 간도부인애국회의 설립취지와 취지서와 본회강령
(독립신문. 1922. 11. 30)

_____

17) 「간도에 애국부인회」, 『조선일보』, 1922. 12. 12.

이함의 항일운동에서 주목되는 것은 항일운동과 여성운동을 구분하지 않고 함께 인식하고 있었던 점이다. 간도부인애국회의 발기 「취지문」에는 "여자의 몸으로 남자아 같이 무기를 메고 전장에 나가지는 못하지만 우리가 이천만 민족의 반수를 점함은 사실인즉, 우리 여자의 신상에도 독립 국민의 권리와 의무가 있음은 더 말할 것이 아니로다."라며 만일 여성들이 이런 권리를 받지 못하거나 의무를 행하지 못한다면 여자들은 숨이 있어도 살아있다고 할 수 없다고 했다. 또한 "우리나라 관습이 여자에게는 교육의 보급이 못됨으로 그 지키는바 쌀 되박이오, 헤아리는 것은 밥숟가락이라. 여자들은 부엌에 있어서 방안의 일도 참여치 못하니 어찌 나랏일에 미치겠는가. 그러므로 그저 아비나 아들이 군사에 뽑힌다고 하면 옷자락을 잡고 눈물로 보낸 것이 아니었나."라며 여성들이 남편 내조와 아들만 바라볼 것이 아니라 독립 사업에 직접 참여할 것을 독려했다.

간도부인애국회의 강령은 "첫째, 인도(人道)와 정의(正義)를 부식(扶植)할 것, 둘째, 여자계의 사상을 진기(振起)할 것, 셋째, 독립군 후원에 종사할 것" 등으로 구성되었다. 이에 여성들의 활동은 독립군자금 모금, 여성교육 등에 집중되었을 것으로 생각된다. 1923년 1월 1일 자 『독립신문』 「공하신년(恭賀新年)」에는 서간도 통의부, 의용군사령부, 대한독립군본부, 대종교시교회 등과 함께 '북간도부인애국회'도 신년 인사를 올리는 단체로 이름이 올라 있는 것으로 볼 때, 부인애국회의 명성도 꽤 높았을 것으로 추정된다.

이함은 일본경찰에 쫓기는 몸이 되기도 했다. 1923년 11월 5일, 일본경찰 30여 명이 왕칭현 삼차구(三岔溝)에 있는 이함의 집을 습격하여 정신이 상하이에서 보낸 『신단민사』 1백 30권을 압수해간 일도 있었다. 당시 이함은 독립운동가이자 작은아버지 이단(李檀)과 함께 일경의 추적을 피해 산으로 피신했지만 작은어머니 여근(余槿)은 생명이 위험할 만큼 일경의 모진 폭행을 받았다.[18] 이

---

18) 「신단민사를 다수 압수」, 『동아일보』, 1923. 11. 26.

104 | 여성사로 읽는 항일독립운동 |

후로 이함의 행적에 관한 기사가 없는 것을 볼 때 간도부인애국회 활동도 점차 소멸했을 것으로 추정된다.

이후 이함은 정신이 있는 상하이로 거처를 옮겼고, 또한 정신과 함께 만주 답사를 다녀오기도 했다. 이함과 정신은 항일의식 고취를 위해 단조기념관을 건축하기로 발기하고, 1924년 10월 15일부터 북만주 영고탑에서 시작하여 1926년 2월 13일까지 1년 4개월간 만주 지역 답사길에 올랐다. 여행 중 정신은 각 지역 동포사회를 방문해 단군 한배검의 역사와 정신을 알리는 강연과 성금 모금에 나섰고, 이함은 만주지역에 우리 역사의 유적과 명산대천의 전래 사실 등을 면밀히 살펴 이를 『조선일보』에 연재했다. 이함의 만주답사기는 1년 반 동안 총 43회에 걸쳐 연재되었다. 이 답사기에는 동포들의 생활 상태와 수전 농작지의 수확과 분량, 교육, 경제 방면 등에 대해서도 자세히 소개되어 당시 동포사회의 실상을 파악하는데 중요한 자료로서 그 가치가 높다.

이후의 이함의 행적은 사료 결핍으로 확인하지 못했다. 정신은 신민부를 거쳐 한족총연합회를 통해 항일운동을 이어갔다. 이함도 정신과 함께 항일운동을 계속했을 것으로 추정된다. 그러나 1931년 1월 정신이 피살되자 이함도 행방불명되어 이후의 상황은 알 수가 없다.

지금까지 살펴보았듯이 대종교에서 여성들의 활동은 다양한 방식으로 전개되었다. 만주에서 여성 대종교 교인들의 독립운동은 남성들의 독립운동과는 달랐다. 여성들은 가정을 지키는 것으로, 혹은 전투의 후방 지원자로서 독립운동에 참여했다. 그런 점에서 조완구의 아내 홍정식의 내조, 그리고 청산리전투에서 후방 지원을 했던 무명의 여성들은 수많은 독립운동가 아내들에 대한 상징성을 갖는다. 이함의 사례는 대종교 뿐만 아니라 여성 항일운동사 연구의 지속과 확대의 필요성을 적극적으로 대변한다.

1919년 2월 「대한독립선언서」에 서명한 39인은 3/2 이상 대종교에서 참여했다. 선언서 본문에는 "한 집안을 기울여 나라가 회복된다면 3천리 옥토가 모두 자기 집의 소유이니 일가(一家)를 희생하라! 한마음 한뜻의 2천만 형제자매여!"라는 내용이 있다. 즉 우리의 항일독립운동에는 민족의 영웅들만 있었던 것이 아니라 가족의 내조와 희생이 동반된 것이었다. 독립운동가들은 이러한 희생 또한 '대종교 정신'이라고 여겼다. 여성들의 독립운동은 옥형 혹은 옥사로 직접 이어지거나 항일전투에 나선 것은 아니지만, 독립운동가 남편의 아내로서, 독립운동가 가족의 가장으로서 자신을 희생했다. 형태와 크기는 달랐지만 여성들의 민족해방에 대한 염원은 남성 독립운동가와 다르지 않았다.

만주에 있었던 윤세복과 대종교총본사 지도부는 해방을 맞이해 1946년 환국했다. 국내에서 새로운 중흥을 모색하면서 1969년 2월 23일 대종교에서는 처음으로 대종교부녀회를 창립했다. 그리고 2018년에는 대종교총본사 총전교에 나철 대종사의 종손부가 추대되어 현재에 이르고 있다.

「女子의 一片丹誠」,『독립신문』, 1921. 2. 5.

「墾島婦人愛國會」,『독립신문』, 1922. 11. 30.

「신단민사를 다수압수」,『동아일보』. 1923. 11. 26.

「鄭氏의 祖疆踏査」,『조선일보』 석간, 1923. 10. 9.

「上海로서 滿洲까지」 연재 42회,『조선일보』(1924. 12. 6~1926. 3. 10).

「진중일지」,『독립운동사자료집』10. 독립운동사편찬위원회, 1971.

민정부총무사조사과,『在滿朝鮮人事情』, 1933.

『대종교중광육십년사』, 대종교총본사, 1971.

박영준,『한강물 다시 흐르고』, 한국독립유공자협회, 2005.

박용옥,『여성운동』, 한국독립운동사편찬위원회 독립기념관 한국독립운동사연구소, 2009.

서문성,『원불교 이해』2, 원불교출판사, 2008.

이배용,「중국 상해 대한애국부인회와 여성독립운동」,『이화사학연구』30, 2003.

이우석,『(청산리 대첩)이우석 수기·신흥무관학교』, 독립기념관, 2013.

이윤옥,『여성독립운동가 300인 인물사전』, 얼레빗, 2018.

정원택,『지산외유일기』, 탐구사, 1983.

조규은,『고독한 승리』, 한민출판사, 1993.

조창용,『백농실기』, 한국독립운동사연구소, 1993.

한국독립유공자협회,『중국동북지역 한국독립운동사』, 집문당, 1997.

강대덕,「독립운동가 尹熙順의 국내·외 항일독립운동」,『강원사학』25, 2011.

김성은,「상해 임정시기 여성 독립운동의 조직화와 특징」,『여성과 역사』29, 2018.

김춘선,「발로 쓴 청산리전쟁의 역사적 진실」,『역사비평』52, 2000.

이숙화,「대한군정서의 성립과 독립군단 통합운동 –총재 서일의 활동시기를 중심으로–」,『역사문화연구』
　　　66, 2017.

조규태,「일제강점기 서울지역 천도교 여성단체의 조직과 활동」,『鄕土서울』70, 2007.

진혜숙,「조선후기 여성계몽교육운동에 관한 고찰」,『배화논총』21, 2002.

최봉룡,「1920~30년대 만주지역 한인사회주의운동과 종교–종교에 대한 인식변화를 중심으로」,『한국민족
　　　운동사연구』62, 2010.

한시준,「여성광복군과 그들의 활동」,『사학지』37, 2005.

여성사로

읽는

항일독립운동

IV

중국으로 간 항일여성 독립운동가 이화림의 삶과 투쟁

이 선 이

* 이 글은 「중국 이주 여성독립운동가 - 이화림(李華林)의 생애에 대한 고찰」(『여성과 역사』31, 2019.12)로 발표한 논문을 단행본형식으로 재구성하고, 논문 발표 이후에 새로이 알게 된 사실들을 더하여 작성하였다.

01 들어가며

　국가보훈처에 등록된 여성독립운동가 300인의 인물사전[1]을 분석해보면 그 중 80여명이 중국으로 건너가 활동하였다는 사실을 알 수 있다. 대체적으로 알려진 여성독립운동가의 37% 정도는 중국에서 활동하였으며 여기에는 여러 가지 요인이 작용하였을 것이다. 중국은 조선과 지리적으로 인접하였을 뿐만 아니라 광활한 지역적 특성이 조선의 독립운동가들의 활동공간이 되어주었을 것이다. 또한 일본의 중국 침략이 점차적으로 가속화되면서 조선과의 연대는 중국에게도 중요한 의미를 갖고 있었다. 따라서 중국정부(국민당과 공산당)는 어떠한 방식으로든 조선인들과의 통일전선을 구축하고자 하였으며, 이러한 중국 쪽 움직임이 또한 영향을 미쳤을 것이다.

　중국으로 건너가 항일 독립운동을 했던 여성들은 많은 어려움에 처하면서도 항일 독립운동을 위하여 다양한 역할을 하였다. 이화림, 박차정, 오광심, 지복영, 심영숙 등 다수의 항일독립군이 된 여성들부터 교육 등 그 밖의 지원활동을 통하여 독립운동 활동을 한 정정화, 허은, 한도신 등 무수히 많은 여성들이 있다. 중국에서 활동했던 항일여성독립운동가들은 중국이라는 지역 특성과 젠더적 특성, 그리고 일본제국주의 침략에 대한 독립운동가들의 전략전술의 변동에 따라서 활동에 진폭을 보인다. 이 글에서는 중국에서 무장투쟁에

---

1) 이윤옥, 『여성독립운동가 300인 인물사전』, 얼레빗, 2018

참여했던 여성 독립운동가 이화림의 삶과 투쟁에 대하여 살펴보고자 한다. 그의 활동공간인 지역, 젠더, 정치적 변화 요인들을 고려하고 그 외 광복군 여군들을 시야에 넣고 이야기를 전개하고자 한다. 광복군 여군 지복영은 "많은 희생이 필요한 무장 활동의 길을 걸었다"는 사실은 특별한 의미를 갖는다고 하였는데, 당시 여성들이 독립군이 되어 무장투쟁을 하였다는 사실은 많은 것을 시사한다. 기록상으로 보면 이화림은 1940년 2월 조선의용대 부녀복무단에 이름을 올리고 있다. 당시 이화림의 나이는 34세였으며, 조선의용대 부녀복무단의 평균나이 27.5세를 한참 웃돌아 단원 중에서도 가장 나이가 많았다.

1995년 8월 선양의 랴오닝(遼寧)민족출판사에서 이화림 구술서 『여정(征途)』이 출판되었으며 이것이 한국에서 박경철과 이선경 번역으로 출간된 것은 2015년이다[2]. 이 책은 비교적 이화림의 삶을 자세하게 보여주는 자료라고 할 수 있다.

명망가가 아니며 게다가 여성이기도 하고 당대 별다른 자료를 남기지도 않아, 이 글 역시도 『여정』이외 이화림의 구술자료를 기초적 자료로 삼고 있다. 이화림이라는 한 여성이 망국적 상황에 놓인 조선 사회의 가난한 가정에서 태어나 애국에 눈을 뜨고 국가의 독립이라는 목표를 향해 나아가는데 어떠한 문제에 직면하였는지, 어떠한 선택이 가능했는지, 그 결과 어떠한 삶을 만들어 갔는지, 또한 향학열과 자기실현이라는 개인의 꿈은 독립운동과 무리 없이 조절되었는지, 여성이라는 조건은 어떠한 영향을 미쳤는가 등 이화림을 통하여 당시 중국으로 건너간 여성독립운동가의 삶의 한 단면을 엿보고자 한다.

---

2) 李华林述 张传杰·孙静丽 著, 『征途 华林忆搞』 辽宁民族出版社 , 1995=이화림 구술, 장촨제·순징리 정리, 박경철·이선경역 『이화림 회고록』, 차이나하우스, 2015

02 어린시절과 상하이 한인애국단 활동

　이화림은 을사늑약이 체결된 1905년 1월 6일(음력) 평안남도 평양부 경창리(景昌里)의 가난한 가정에서 아버지 이지봉과 어머니 김인봉 사이에서 출생하였다. 이름은 춘실(春實)이었으며 큰오빠 춘성과 작은 오빠 춘식 그리고 학교 문턱에도 가보지 못하고 15세에 출가한 언니가 있었다. 이화림의 가족들에 대해서는 알려진 사실이 별로 없다. 이화림이 말하는 어린 시절 가족구성과 훗날 김구의 도주를 도와 준 이성춘이라는 제자가 혹시 큰오빠 이춘성이 아닌가 했다는 것, 동베이(東北) 독립군에 있는 이성(李成)이라는 사람이 이춘성일 가능성이 있다는 이야기를 들었다는 정도이다.

　아버지는 변변한 직업이 없었으며 어머니는 미국 선교사 집의 가정부로 일하고 있었다. 이 선교사가 사립 기독교 학교인 숭현(崇賢)소학교를 운영하고 있었는데, 어머니는 선교사에게 이화림의 입학을 부탁하였다. 아버지는 '계집애가 무슨 공부냐'며 반대하였지만 이에 어머니는 아랑곳하지 않았다. 중국 공군에서 비행훈련을 받고 충칭(重慶)에 있는 육군참모학교 교관 등으로 활동했던 조선 최초의 여류비행사 권기옥도 숭현소학교에 다녔다. 숭현소학교는 1894년 설립된 장대현교회(章臺峴教會)에서 운영하였으며 권기옥은 평안남도 평양부 상수구리에서 태어났다. 장대현교회는 새뮤얼 모펫(Samuel Austin Moffetm, 한국명 마포삼열[馬布三悅], 1864~1939)이 세운 교회인데, 이화림

의 엄마가 그의 집에서 가정부로 일을 했던 것인지는 불분명하다.

1919년 3.1운동이 발발하자 이화림은 숭현소학교 학생들과 함께 거리로 나가 대한독립 만세를 외쳤으며 일본경찰의 폭력적 진압을 목도했다. 당시 평양은 3월 1일 오후 1시 고종 봉도식에서 장로교, 감리교 및 천도교 세 곳에서 독립선언을 하고 대대적인 만세시위를 벌였다. 평양에서는 숭실대학, 숭실중학, 숭의여중, 평양고보 등의 남녀학생들이 독립단이라는 조직을 만들어 숭덕여학교 교정에서 독립운동을 전개했다. 이화림은 3.1운동 이후 오빠는 전단지를 만들어 배포하고 어머니는 '군자금'을 모으는 등의 독립운동에 관여하고 있었다고 말한다. 이화림 자신도 오빠를 도와 전단지를 전달하는 등의 일을 하였다. 장대현교회는 3.1운동 관련자들에 대한 일본 경찰의 조사가 본격화되었을 때 이 교회에서 유인물을 인쇄하고 감추어두었다는 혐의를 받고 일본 경찰에게 취조를 당했다. 이러한 사건과 이화림 가족이 어떠한 형태로든 연관되어 있었던 것 같다. 그 후 일본경찰들의 감시가 심해져서 두 오빠와 아버지는 중국 동베이로 건너갔으며 국내에 남아있던 이화림은 생활고로 중학교를 1년 정도 다니다 중퇴하고 숭의여중 유아교육반에 들어갔다. 이 유아교육반은 반공반독(半工伴讀)이 가능하여 낮에는 자수 등으로 생계를 유지했다. 이 시기에 그녀는 평양고등학교 학생들이 주도하는 '문학역사연구회'에 가입하여 사회주의 사상관련 공부를 할 수 있었다고 말한다.

일제강점기 당시 평양은 인구 4만명 정도에서 34만명의 대도시로 성장했으며 북한지역의 중심도시였다. 게다가 평양에서의 기독교의 영향은 상당했던 것으로 보이며, 1907년 평양에서 있었던 대부흥운동은 여성지위향상, 신분타파 등 사회개혁으로 이어지고, 교육열과 민족의식을 높이고 세계관을 변화시키는 등 사회 전반에 많은 영향을 미쳤다. 이화림이 다녔다고 하는 숭현여학교도 바로 대부흥운동이 있었던 장소이기도 하다. 이화림의 어린 시절은 바로 이러한 평양이라는 도시의 변화 그리고 평양에서의 기독교 발전과 평양 기독교계의 왕성한 항일독립운동의 영향을 받았다고 할 수 있다.

이화림은 1920년대 말부터 중국으로 떠나는 1930년까지 '문학역사연구회'에서 활동, 조선공산당(1925년 4월 17일 설립됨, 서기 김재봉)에 가입, 해주 소학교 교사 등을 하였다고 말한다. 그런데 특별한 활동 없이 답답한 생활을 하고 있었으며 이 당시 일제의 탄압과 내부분열로 조선공산당은 해산되고 많은 활동가들은 대부분 중국으로 빠져나가는 상황이었기 때문에 이화림도 중국행을 결심하였다. 그런데 조선공산당 가입과 해산 등에 대해서는 구체적 사실 확인이 어려울 뿐아니라 공산당의 해산과 재건시기와도 미묘하게 시기적 차이가 있다. 평양에서 상하이로 떠나, 김구와 접촉까지의 시기에 대한 이화림의 구술은 비교적 명료하지 않으며, 자신과 조선공산당과의 관계를 강조하는 측면이 있다. 이는 아마도 오래 전의 기억이라는 점과 중국의 문화대혁명시기 이화림에 대한 비판이 이 시기에 집중되어 이루어졌기 때문이 아닌가 생각된다. 특히 홍위병이 왜 동북항일연군이 아니라 김구와 함께 했는가라며 '국민당스파이', '조선스파이', '주자파(走資派)'로 내몰아 혹독한 비판을 하고 감금에 가까운 생활을 강요하였다는 사실은 이 시기에 대한 이화림 구술 이해에 주의를 기울여야 할 점이다. 동북항일연군은 1936년 중국공산당의 지도아래 만주지역에서 만들어진 항일 군사조직으로 중국인과 조선인의 민족통일전선의 성격을 띠고 있었다. 여기에 참여하지 않은 이화림은 동북지역이 아니라 상하이로 간 사실에 대해서도 다음에서 보듯 '해명'하는 듯한 구술을 하고 있다. 이화림의 구술은 대부분 문화대혁명 시기 고초를 겪고 조직으로부터 누명을 벗은 이후에 이루어졌다. 따라서 그녀의 조선과 상하이 시기에 대한 구술은 그 점을 감안하여 이해할 필요가 있다.

1930년 초 아버지의 사망과 오빠들이 독립군으로 활동하고 있다는 소식을 듣고 자신도 중국으로 가서 독립운동을 하겠다는 결심을 굳히고 인천을 경유하여 안둥(安東, 단둥)으로 갔다. 이때 인천을 거쳐 미국인 선교사의 도움을 받고 조선 상인의 친척으로 가장하여 간다. 안둥에서 기차를 타고 펑톈(奉天, 선양)으로 가서 독립군이 활발하게 활동하는 지린(吉林)성 류허현(柳河縣) 쪽으로 가고자 하였으나 오빠들과 관련된 소식을 전혀 알 수 없었을 뿐 아니라 중국어도 못하여 밀정으로 오인 받을 가능성이 있어 상하이로 방향을 전환하였다. 그 이유는 그래도 상하이에는 지하공산당원들이 있고 김문국이 소개한 김두봉 선생, 임시정부 그리고 조선교민도 많았기 때문이었다. 따라서 우선 톈진으로 가서 배를 타고 상하이로 갔다고 말한다.

1930년 3월 상하이에 도착하여 우선 여관에 머무르면서 '조선교민 소학교'인 상하이 인성학교 교장 선생 김두봉을 찾아갔다. 김두봉과 이화림의 인연은 임시정부 시절을 거쳐 그 후 화베이 조선독립동맹 결성 이후 옌안에서까지 지속된다. 나중에 서술하듯이 김두봉의 오촌 조카 박차정과는 의용대 부녀복무단에서 함께 일하기도 하였다. 김두봉으로부터 상하이의 독립운동 상황 등을 전해 듣고 우선 자립할 것을 권유받았다. 당시 상하이의 조선교민들은 '하찮은 직업(下等的職業)'에 종사하여 무녀, 여종업원, 좌판에서 채소장사 등을 하거나 상황이 좀 좋으면 잡화점과 작은 식당을 운영하였다고 한다. 이화림도 장아찌 자판 장사를 시작하였으며 자수 등으로 생계를 유지했다. 이화림은 1930년 가을과 겨울 사이에 김두봉선생이 자신을 한국임시정부에 직접 소개하였으며 이때부터 김구선생의 직접적인 지휘 아래 정보를 수집하고 조선에서 온 사람을 감시하도록 하였다고 서술하고 있다. 김두봉은 상하이에서 임시정부와 불명확한 이유로 거리를 두고 있었으며 한글연구에 몰두하고 있었는데, 김두봉과 김구의 관계는 상당히 친밀하여 김구의 부인 최준례의 묘비를 김두봉이 썼고, 이 묘비 앞에서 김구가족이 찍은 사진이 남아있다. 따라서 김두봉이 김구에게 이화림을 소개했다는 이야기는 타당성이 있어 보인다.

특히 이화림은 1931년 성립된 비밀 혁명 조직인 한인애국단의 단원이 되어 이동해로 개명하였으며 그 후로도 이화림은 보안을 위해서 잦은 개명을 하였다. 이시기와 사건에 대해서 이화림은 곳곳에서 상당히 구체적인 이야기들을 하고 있다. 그러나 김구의 『백범일지』에서 이화림에 관한 이야기를 찾아볼 수는 없는데, 김구는 초면부터 이화림이 여자라는 이유로 그다지 마땅하게 생각하지는 않았다고 한다. 이화림은 곳곳에서 구술을 통해서 당시 김구와 함께 밀정을 살해한 일에 대해서 비교적 상세하게 묘사하고 있다. 그녀는 김구에 의해서 방 한칸을 얻어 자수를 하면서 생계를 유지하였으며 틈틈이 상하이의 일본제국주의가 파견하는 밀정을 찾아 처단하는 일을 하였다. 당시 조선에서 많은 사람이 왔는데, 그들은 먼저 교민단 단장을 찾아왔다. 자신의 임무는 여특무에 대한 조사와 대응이었으며, 당시 마량루(馬浪路, 현재 마당루[馬當路])의 골방에 살면서 새로이 오는 사람과의 공동생활을 통해서 일본이 보낸 특무 혹은 매국노가 아닌지 판단하였다. 이러한 임무를 3차례 정도 집행했는데 2차례 특무를 발견하고 정황을 김구에게 보고하였다.

이화림은 이봉창의거와 윤봉길의거의 사전작업에 참여한 사실에 대해서 여러 곳에서 다음과 같이 전하고 있다. 김구와 이봉창이 거사를 의논하는 자리에서 폭탄을 어떻게 휴대하고 갈 것인가를 놓고 갑론을박하였는데 이봉창이 "훈도시 안에 차면 어떻겠는가 하는 고안을 내놓았다. 그 말에 나는 어쩐지 쑥스러운 감이 들어 얼굴이 붉어졌다. 그러자 김구 선생은 그 고안이 됨직하다고 하면서 나더러 훈도시를 만들라고 했다. 그러자 나는 더구나 쑥스러워 몸둘 바를 몰라했다." 그리고 돌아오는 길에 천을 사서 훈도시를 만들어 다음날 김구선생에게 가져다 주었다.

그 후 윤봉길 의사의 의거를 준비하는 과정에서 함께 부부로 위장하여 홍커우 공원을 사전 조사했던 일들에 대해서도 자세하게 전하고 있다. 이에 대해서 이이화는 "상해의 젊은 여성들 사이에 유행하던 하늘색 원피스를 말쑥하게 차려입고 그 위에 회색 외투를 걸치고 100여 미터 쯤 떨어져 윤봉길의 뒤를 따라갔다."고 하면서 그동안 "윤봉길은 기모노 차림의 일본 여인의 도움을 받아 삼엄한 검문검색을 통과했다"는 기록이 있었는데 잘못된 기록이다라고 말한다. 하지만 이화림의 몇 가지 구술과 인터뷰 자료를 보면 사전조사에 함께 하였으나 당일은 위험을 피하기 위하여 먼 곳에서 바라

홍커우 공원의 윤봉길 의거 기념비와 홍커우 공원 입구
(필자 제공)

보고 있다가 쏟아지는 비로 공원을 빠져나가는 사람들에 섞여서 빠져나왔다고 한다.

이렇게 이화림은 식민지 시기 조선인들에 대한 세계인들의 시선을 결정적으로 바꾼 두 가지 중요한 사건에 드러나지 않게 관여하였다. 이봉창이 폭탄을 넣어 간 훈도시를 만드는 일과 훙커우 공원을 윤봉길과 부부로 위장하여 사전 답사하는 일 등은 공식적 기록에서는 찾아볼 수 없지만 이화림의 구체적이고 반복된 구술에서 두 사건의 이면을 드러내 보여주고 있다.

03 상하이에서 광저우로
: 결혼과 혁명의 틈새에서

    1932년 4월 29일 윤봉길의거가 훙커우공원에서 있은 후 두문불출한 생활을 하며 사상적 고민에 빠져있던 이화림은 광저우에 한국 혁명가들이 많이 있다는 이야기를 듣고 광저우행을 결심한다. 이화림은 김구는 공산주의자가 될 것을 우려하여 한인애국단에 남아서 자신과 함께 독립운동을 해야한다며 반대했다고 하나 그녀의 의지를 꺾지는 못하여서 결국 광저우로 떠났다고 말한다. 또한 김두봉선생이 약간의 여비와 함께 '자신을 숨기기 좋고 경비도 마련할 수 있으니' 중산대학에 가서 의학을 공부할 것을 권유하며 이두산에게 소개장을 써주었다고 말한다.

    그런데 이두산은 1930년 1월 한국독립당이 결성된 직후 조직된 재광동한국국민혁명당전위총부의 상무위원이었다. 1932년 9월 이 기구가 한국독립당 광동지부가 된다. 그리고 김구의 한국독립당과 중산대학 관계의 밀접함을 보면 광저우행을 둘러싼 김구와의 갈등에 대한 이화림의 진술 역시 문화대혁명 당시의 비판경험이 영향을 미치고 있다고 볼 수 있다. 게다가 훗날 부녀복무단 단원을 함께 했던 한태사가 이두산의 장남 이정호의 부인이기도 하다.

    광동과 중산대학에 대해서 최기영의 연구[3]를 따라가 보면, 1931년 9월 만주사변으로 중국 동북지방이 일제의 점령에 놓이고, 1932년 4월 윤봉길 의거

---

3) 최기영, 「1930년대 中山大學과 한국독립운동」, 『진단학보 99』, 2005

이후 상하이가 위험해지면서, 일제로부터 안전하고 한국유학생에게 편의를 주는 교육기관이 있는 광둥지역에 한국 청년들이 모이게 되었다. 광둥은 대한민국임시정부를 주도하던 한국독립당의 광둥지부가 있었고 기관지 『韓聲(한성)』을 중국어로 발행하고 있었다. 중산대학과 광둥군관학교의 한국유학생들에게 도움을 주기도 하였다. 1933년에는 상하이에 있는 한국독립당 이사회에서 혁명인재를 키워낼 목적으로 중산대학에 추천입학생명단을 보내기도 하였다. 중산대학은 한국유학생들에게 학비와 기숙사비를 면제해주었고 한국독립당에서는 중산대학생에게 최소한의 생활비를 보조해주었다. 본래 한국독립당과 국민당 서남정무위원회는 200명 정도의 한국청년을 입학시킬 계획이었지만 많은 지원자들이 중산대학과 광둥군관학교에 입학할 자격과 성적이 미달되었던 것으로 보인다. 1930년대 중반의 중산대학은 한국독립운동과 밀접한 교육기관으로 알려져 있다. 이화림이 광저우로 가면서 화림으로 개명하고, 중산대학 의과대학 부속병원의 실습간호사로 일하면서 일과 학습을 병행하였다고 말한 사실을 최기영의 연구에 비추어 보면, 아마도 이화림은 중산대학의 정식 등록생이 아닌 청강생으로 있으면서 일도 하고 있었던 것으로 보인다.

이때 이화림은 당시 중산대학에서 법학을 공부하고 있던 김창국을 만나게 된다. 그는 1932년부터 중산대학에 한국유학생들이 증가하자, 1933년 3월 5일 광저우국립중산대학에서 용진학회가 조직되는데 이 조직의 창립 멤버이다. 서로에게 강한 끌림을 느낀 두 사람은 1933년 봄에 결혼을 한다. 점차로 그곳에 있던 많은 한국인들과의 교류도 왕성해지고 조선의 독립을 둘러싼 논쟁을 듣다가 "집에 가서 밥을 하는 것을 잊곤 해서 남편의 기분을 상하게 하곤 했다."고 한다. 이 시기에 이화림은 임신과 출산을 하게 되는데, 가사와 육아를 둘러싸고 남편과 심각한 갈등을 겪게 된다. 갈등상황에 대해서 이화림은 다음과 같이 이야기하고 있다.

나는 이미 임신한 상태였다. 그런데도 불구하고 매일 무거운 몸을 이끌고 밖으로 나다녔다. 남편은 몹시 안타까워하면서 몸조심하라고 하였다. 모든 것들이 그가 나를 위한 염려라는 것을 알고 있었다. 하지만 다급한 일을 처리해야 한다는 강렬한 갈망이 먼저였기에 자신을 돌볼 수 없었다. 물론 남편이 바라는 가정주부의 역할을 잘 해낼 수도 없었다. 우리 사이의 갈등이 끊이지 않았다. 나는 내 마음을 이해해 주지 못하고 내게 가장 중요한 것이 무엇인지 몰라주는 남편을 원망했다. 아이가 태어난 후 가정에 따스한 분위기가 감돌았다. …아이에게 김우성(金雨星)이라는 의미 있는 이름을 지어주었다. 하지만 아이가 생기면서 집안 일에 대한 부담이 더 늘어났다. 조선의 습관에 따르면 부녀자는 가정에서 주요 노동력이었으나 나는 이를 해낼 수 없었다. 남편은 지식인이었으며 종종 음식을 만들고 아이를 돌봐주었기에 나는 가사에 대한 신경을 덜 쓸 수 있었으며 자주 외출하여 늦게야 돌아오곤 했다. 조선 남자들의 남성우월주의는 매우 심각하다. …우리는 고향의 환경을 떠나온지 오래되었지만 여전히 의식은 변화하지 않았다. 그가 아이를 보고 가사를 도와주는 것은 그에게 있어 이미 엄청난 양보였다. 그러나 나 또한 일을 포기하고 집에서 멀뚱멀뚱 아이를 보고 있을 수 만은 없었다.

이 시기 이화림은 혁명가들의 광저우 집회에서 동향 진광화(陳光華)를 통하여 석정 윤세주와 만나면서 더욱 사회주의 사상의 영향을 받고, 독립활동에 몰두해 간다. 진광화와 윤세주는 화북으로 간 조선의용대의 지도자들이었으나 타이항산에서 일본군과의 전투 중에 전사하였다. 1935년 7월 한국독립당 조선의열단, 조선독립당, 신한독립당, 미주대한인독립당이 연합하여 조선민족혁명당이 결성되었으며 이화림은 이 당에 가입하였다. 당 가입을 둘러싸고 남편과의 갈등은 더욱 커져만 가는데, 남편과 함께 난징으로 가고 싶어 했지만 학업 중단과 어린 아이를 염려한 남편이 강하게 반대하면서 결국 두 사람은 이혼하게 되었다. 이화림은 조국의 독립을 위해서 아이도 포기하였으며 아이는 남편이 데리고 갔다. 이에 대해 이화림은 "혁명투쟁 중 자신은 작은 가정을 버리고 자신의 몸과 마음을 모두 혁명의 대가정으로 던져 넣었다"고 말하였다.

그리고 이화림은 1936년 1월 광저우를 떠나 난징으로 갔다. 1937년 11월 12일 난징에서 조선민족전선연맹이 결성되었는데, 이에 난징으로 간 후 이화림은 간부들의 소개로 석정의 주요 보좌관이기도 한 이집중과 결혼하였다. 이집중은 의용대 총본부의 총무부 조장이며, 중국 황포군교 4기 보과(步科) 출신, 조선민족혁명당 중앙검사위원이었다. 이집중(1890~1946)은 1977년 독립장을 서훈받은 이종희이다. 그는 주로 이집중, 이인홍, 이종암 등의 가명을 사용하였다. 그는 조직의 간부였기 때문에 자신의 활동을 이해해 줄 것이라고 기대했으나 부녀복무단에서 일하기 시작하면서 바빠지는 그녀에 대하여 전혀 이해해주지 않았다. 뿐만 아니라 조선민족혁명당, 조선민족해방운동자 동맹, 조선혁명자 연맹이 합쳐 조선민족전선연맹이 결성되면서 옌안으로 가서 공부할 기회가 있었지만 남편이 허락하지 않아 포기하게 된다. 이화림은 결국 '남자들은 다 이런걸까?'하는 생각을 하면서 재차 이혼하게 된다.

당시 이화림이 안고 있었던 문제는 여성독립운동가의 독립운동을 평가하는 데 있어서 많은 것들을 시사한다. 한평생 시아버지 동농 김가진과 남편 김의한의 독립운동을 뒷바라지 하면서 자신도 임시정부의 자금 모금을 위하여 여섯 차례에 걸쳐서 국내에 잠입하는 등의 활동을 한 정정화나 석주 이상룡의 손부로 서간도에서 독립운동가들의 뒷바라지로 한평생을 바친 허은 등과 이화림의 삶을 비교사적으로 바라볼 필요가 있다. 정정화나 허은의 뒷바라지가 없었다면 조선의 대표적 독립운동가들의 독립운동은 상당한 어려움에 처했을 것이다. 두 여성은 자신들이 있어야 할 지정된 장소(가정)를 단 한번도 의심하지 않았으나 자신이 직접 독립운동의 '주체'이고자 한 이화림은 가정을 버리는 것으로 밖에 존재할 수 없었다는 사실은 많은 것을 말해준다.

난징에서의 이화림에 대한 에피소드를 비교적 상세하게 소개하고 있는 것은 의용대로 항일독립운동에 참전하여 부상을 당한 후 중국에서 작가로 활동한 김학철이다.

> 한번은 이화림 등 몇몇 여성분들이 김치를 담가주었다. 이 알량한 아주머님네들이 초특법 속성법을 채택하여 더운물로 담근 까닭에 그 맛이 세상에도 괴상야릇하여 쉬지근한가 하면 좀 떫은 것 같기도 하고 또 익었는가 하면 좀 선 것 같기도 하고 게다가 게거품 같기도 하고 또 비누거품 같기도 한 거품까지 부걱부걱 피어올랐다. 누군가가 그 김치를 '막걸리 김치'라고 비유해서 우리는 모두 손뼉을 치고 허리를 잡았다. 그들은 직업혁명가로서 선머슴같은 여자들이라 살림살이를 해보지 못했던 것이다.

김학철은 '선머슴 같은' 이화림을 처음 대면한 것은 1936년 난징 중화문 안 화로강의 어느 선찰(禪刹)에서 였다고 한다. 이 선찰은 조선청년혁명학교가 있었던 천녕사일 것이다. 그곳은 일본 제국주의가 '불령선인'들이라고 일컫는 조선 청년들이 모여 살고 있는 곳이었다. 이곳에서 "알게 된 여성들이 여럿인데 그 중의 모모한 이들로

천녕사 남경부근 폐찰 : 조선청년혁명간부학교로 이용한 곳임
(박경철 – 충남연구원 사회통합연구실장 제공)

는 허정숙(최창익 부인), 조명숙(윤공흠 부인), 이난영(윤치평 부인, 후에는 무정 부인), 이화림(이집중 부인) 등"이 있었다고 한다. 바로 앞서 김학철이 '알량한 아주머님네들'이라고 이야기한 사람들의 나열이다. 김학철은 초면인사 때 이화림을 이집중의 부인이라고 소개를 받아 '미세스 리'라고 불렀는데, 이화림이 매우 못마땅해 하자 말을 바꿔 "아주머니"하고 불렀다. 그런데 더욱 싫은 기색을 하여 '누님'으로 고쳐 불렀다. 그러자 이화림은 "이봐요 젊은이, 이제부터 날 부를 때 화림 동무라고 불러요 …. 화림동무, 알겠소?"라고 면박을 주고는 가버렸다.

그리고 이화림은 일본군 폭격기가 격추되는 것을 보자 진가명(陳嘉明)이라는 사람과 함께 격추장소로 가서 비행기 날개 한 조각을 들고서 의기양양하게 돌아왔다고 한다. 이런 모습을 보면서 남자들은 그녀가 '추니'가 아닌가 하고 '빈정'거렸다고 한다. 이화림은 그 후 1937년 충칭으로 이주 명령을 받았으며 이곳에서 의료봉사 등을 하였다.

김학철은 구이린(桂林)에서의 이화림과 이집중에 대한 언급을 하기도 하였다. 1939년 "당시 구이린에는 조선 의용대의 지휘부가 설치되어 있었으므로"

구이린의
여자의용대원들 모습

〈조선의용대통신〉 제11호

이화림은 "남편을 따라 거기 와 있었던 것이었다". 남편 이집중은 당시 '조선 의용대의 총무부장 즉 후방부장이었'는데, 김학철은 이화림의 남편 이집중에 대한 불미한 소문과 이집중과 이화림이 서로 갈등하고 있었다고 전하고 있다. 갈등의 이유에 대해서 김학철은 이집중의 "사상이 비교적 낙후한" 데서 기인 한다고 말하고 있다. 김학철은 명확한 근거가 있었던 것은 아니지만 "이 집중 이 후방에 앉아서 전선에 나와 싸우는 우리들의 군사비를 줄여서 착복을 하였 다고 우리는 그를 죽일 놈 살릴 놈 욕하였"다고 하였다.

그리고 또한 "이화림의 타고난 결함은 여자다운 데가 없는 것이었다. 아무 리 몸에 다는 군복을 입었더라도 여자는 여자다운 맛이 있어야 하겠는데 그것 이 결여된 까닭에 그녀는 남성 동지들의 호감을 통 사지 못하는 것이었다."라 고 하면서 이후 남성들의 우호적이지 못했던 행위에 대해 "적군의 '토벌'에 대 비하여 부대를 재편성할 때였다. 아무도 여성인 이화림을 데려가겠다는 사람

구이린의 조선의용대
본부 터 및 조선의용대
통신 발행지
(동그라미 친 부분)

이 없어서 이화림은 개밥에 도토리 모양이 되었다. 그래서 지대장 박효삼은
전원을 모아놓고 엄숙히 비평을 하였다." 김학철의 회상에서 당시 여성독립군
이 처해있던 어려움의 한 단면을 읽을 수 있다.

　이렇게 이화림은 두 번에 걸친 결혼과 이혼을 반복하였다. 이혼의 이유는
다름 아닌 '여성다움'을 요구하는 남편들과의 갈등이었다. 조선에서 중국으로
의 단신 이주를 감행하면서 독립운동에 종사하여 국가의 독립을 얻고자 했던
이화림은 "쩍말(두말할 나위) 없는 여전사였다. 정직하고 강인한 여류혁명가
였다. 하건만 그녀의 사사로운 생활은 계속 고적하고 처량하기만 하였다"라고
김학철은 말한다. 이화림이 '고적하고 처량'한 생활을 했다는 의견에 대한 동
의 여부를 떠나서 여성이었기 때문에 "수없이 많은 간난신고를 겪고 또 그 간
난신고를 하나하나 다 이겨내"는 데 있어서 이화림은 가정보다는 독립운동을
선택하는데 주저함이 없었던 것처럼 보인다.

04 조선의용대 부녀복무단 단원이 되다

1938년 10월 10일 한커우에서 조선의용대가 창설되었다. 조선의용대가 창립하는 데에는 우선 중일전쟁 발발에 따라 중국 항일전쟁에 참가하여 조선독립의 발판을 마련하고자 한 김원봉 등의 노력을 들 수 있다. 또한 일본의 반전운동가이자 공산당원으로 '국제의용군'을 제기한 아오야마 카즈오(靑山和夫) 등의 활동, 그리고 중국 측의 정치군사적 의도가 복합적으로 작용하여 만들어 졌다고 할 수 있다.

이화림은 "조선의용대는 총 300여명이고 총대장은 김약산, 부대장은 신악이었다. 조선의용대에는 부녀부대도 설립했는데 대장은 박철애, 부대장은 내가 맡았다"라고 구술하고 있다. 실제 조선의용대는 창립초기 대원은 100여명 정도 였으며, 부녀복무단이 만들어진 것은 1939년 10월경 구이린에서 였던 것으로 보인다. 부녀복무단은 기존 의용대원이었던 이들과 새로이 합류한 이들로 구성된다. 기존의 의용대원 중 여성으로 눈에 띠는 사람은 허정숙과 중국에서 최고의 배우로 활동하고 있던 김염의 동생 김위가 있다. 김위는 창립대원이었으며 후에 조선의용대 대원으로 김창만 등과 함께 일본군 점령지역인 베이징으로 파견되어 척후공작을 전개하였다. 1941년 조선의용대 대원들과 함께 중국공산당지역인 화북지역으로 넘어갔다. 화북으로 이동한 후 타이항산과 옌안일대에서 팔로군과 함께 활동하였고 해방 후 북한으로 갔다. 하지

조선의용대 창립기념 사진
(여기서 이화림의 모습은 보이지 않는다)

만 김위는 부녀복무단 대원에서 이름이 확인되지는 않는다. 조선의용대 창립 기념 사진에서 보이는 두 여성은 김위와 허정숙이다.

　1940년 2월 본부체제가 총본부체제로 그리고 1,2구대로 구분되던 조직이 3개 지대와 유동선전대, 3.1소년단과 부녀복무단으로 확대되었다. 대장은 김원봉의 아내이기도 한 박차정이었으며 부대장은 박효삼의 처 장수연이었고 이화림과 제1지대 대원 이정호의 처 한태사가 대원으로 이름을 올리고 있다. 이화림이 말하는 박철애는 박차정을 말한다. 여기서 의용대 부녀복무단은 모두 의용대원의 아내였다는 사실을 알 수 있는데, 1940년에 창군된 광복군 여군들의 면면에 대하여 비교해보면 독립군의 가족이라는 비슷한 양상을 보인다고 할 수 있다. 민영주, 신순호, 오희영, 조순옥, 최동선(박차정 사후 김원봉의 아내가 됨), 지복영 등은 모두 광복군 아버지 민필호, 신건식, 오광선, 조시원, 최석형, 지청천의 딸이었다. 그리고 오광심과 신정숙은 각각 김학규와 송진표의 부인이었다.

박차정은 중국국민정부 군사위원회 간부훈련반 제6대(약칭 조선혁명간부학교)에서 임철애(林哲愛), 임철산(林哲山) 등의 가명을 쓰면서 여자부교관으로 활동했다는 기록이 있다. 부녀 복무단의 단장이었던 박차정은 『조선민족전선』에 임철애라는 이름으로 몇 편의 글을 발표하였다. 이러한 글들은 당시 부녀복무단에 참가한 여성대원들의 사고의 한 단면을 이해할 수 있는 실마리를 제공한다. 박차정은 중국국민외교협회의 요청에 따라 한커우 무선방송국에서 일본어로 방송하였는데, 이 강연원고를 특별히 중문으로 번역하여 게재한 것이 「일본 혁명대중에게 알린다(警告日本的革命大衆)」(『朝鮮民族戰線 創刊號』, 1938年 4月 10日)이다. 이글에서 박차정은 일본의 중국침략전쟁은 "경제공황과 정치 모순 극복을 위한 전쟁으로 일본 노동대중의 기아상태를 개선하지 못하며, 소수자본가 및 파시스트 군벌의 이윤을 증식하기 위한 전쟁"이다. 때문에 "일본의 혁명민중들은 이를 명확하게 알고 들고 일어나야 한다"라고 하였다.

또한 박차정은 「조선부녀와 부녀운동(朝鮮婦女和婦女運動)」에서 "조선의 사회는 정상발달궤도로 나아가지 못하고 기형적 발전과정을 경과"하였으며, "일본제국주의의 침략으로 강제적으로 자본주의화 과정으로 나아간 반봉건적 사회"라고 정의한다. 이러한 "조선사회의 특수성은 조선의 부녀를 세계에서 가장 열악하고 참혹한 환경으로 내몰았다." 따라서 "조선의 부녀운동은 전민족의 해방운동"과 동시에 발생하였을 뿐아니라 "전민족 해방운동과 더불어 발전"한다고 보았다. 나아가 "중국의 전면항일은 중국민족 생존을 위한 방위전이자 동방피압박민족의 해방 투쟁"이기 때문에 "우리 혁명부녀는 일치단결하여 신성위대한 민족해방투쟁에 참가하여 조국의 자유"와 '동아의 평화, 인류

1938년 충칭시기의 이화림

정의를 위하여' 싸워야한다고 주장하였다. 박차정은 조선의 부녀 상황이 일제의 침략이 만든 민족적 모순으로 인하여 더욱 열악해졌다고 본다. 이에 부녀운동은 민족해방운동과 더불어 진행되어야 하며, 나아가 중국혁명에의 참여가 아시아민족의 해방뿐만 아니라 조선민족해방으로 이어진다고 보았다. 이화림 역시도 부녀해방과 민족해방, 그리고 중국과의 통일전선 구축이 함께 진행되어야 한다는 박차정의 생각에서 크게 벗어나지 않았던 것으로 보인다. 때문에 의용대원이 되고 훗날 옌안으로 가 중국공산당에 가입하였을 것으로 보인다.

이화림은 부녀복무단의 활동에 대해서 다음과 같이 말하였다. "나는 부녀국(부녀복무단)에서 일했다, 부녀국은 임철애가 대장을 맡고 내가 부대장을 맡았다 우리들의 주요 임무는 본부의 요구에 근거하여 적극적으로 항일선전을 해서 부녀자들로 하여금 반파시즘 투쟁의 중요역량이 되게 하는 것이었다. 선전 활동에 활기를 불어 넣고 그 효과를 더 높이기 위하여 우리들과 문학단이 같이 단막극을 편성해 선전활동을 했다." 이화림의 구술을 통해서도 부녀복무단은 전선의 의용대원을 방문하여 물품과 가족들의 소식을 전하여 사기를 진작시키고 전단이나 표어, 소책자 등을 살포하는 선무활동을 담당하였음을 알 수 있다. 광복군 여군들 역시도 농촌으로 선전활동을 나가기도 하고 조선인들이 많이 거주하고 있는 일본군의 점령지역으로 초모활동을 나가기도 하였다. 중국에서의 독립군 활동의 한계와 여군들에게 부여된 역할의 특성을 엿볼 수 있는 것 같다.

이화림은 1939년 구이린으로 이주하였는데, 이화림의 충칭에서 구이린으로의 이주에 대하여 『조선의용대 통신(朝鮮義勇隊通訊)』에 실린 장수연(張秀延)의 글이 있다. 장수연 남편은 앞에서도 말했듯이 조선의용대 부사령관 겸

참모장을 지낸 박효삼(朴孝三)이다. 장수연은 1938년 10월 조선의용대 부녀복무단 단원이 되어 최전방지역에서 수고하는 조선의용대 대원들을 위해 위문활동을 펼치거나 지원활동을 펼쳤다. 1941년 항일무장투쟁 근거지인 화북 팔로군 지역 타이항산으로 가서 조선의용대 화북지대 유수대원으로서 일본군 격퇴에 도움을 주는 활동을 전개하였다.

당시 충칭에는 조선의용대를 후원하는 재중경부녀회(朝鮮旅渝婦女會), 3.1소년단(三一小年團), 여성훈련반(婦女訓練班)이 있었다. 그 중 '여성훈련반'을 졸업한 여성들은 전방으로 가고 싶어 하였으며 장수연도 '가정의 굴레'를 떨치고 일어나 함께 하기를 바랐지만 유감스럽게도 그러하지 못하였다고 말한다. 몇몇 여성들은 건강상의 문제와 그 밖의 곤란으로 충칭을 떠나지 못하였으나 자신과 수운, 화림 세 명은 강대한 결심을 하고 보통사람들의 감정을 극복하고 일체를 돌아보지 않고 전방으로 갈 것을 결심하여 충칭을 떠났다고 말하고 있다.

『조선의용대 통신』은 구이린에서 같은 해 1월 15일 간행되었다. 이 기관지는 한중이 서로 연합하여 항일 작전을 올바르게 전개하기 위한 토론의 장, 경험교류의 장, 상호비평의 장으로 역할을 하였다. 이화림도 「왜 중국과 한국 양 민족은 단결해야 하는가(爲什麼中韓兩民族要團結)」라는 글을 『조선의용대 통신』에 싣고 있다. 이화림은 이글에서 "일본제국주의 군대의 잔혹한 유린으로 중한 양민족 각자 내부의 모순과 마찰은 점점 사라지고 긴급하게 단결하게 되었다"라고 말한다. 그리고 중국내 열정적 조선혁명가들은 의용대의 깃발 아래 중국 항전의 최전선에서 피땀으로 강도(일본)와 싸우고 있으며, 이 싸움을 통하여 조선혁명역량도 강화 될 것이라고 말하고 있다. 그 후 1940년 겨울 조선의용대는 뤄양으로 집결하여서, 타이항산 팔로군으로 가는 여정에 이르며 이때 이화림은 부녀부대에 속하여 의료를 담당하였다. 의용대는 팔로군과 연합작전을 펴면서 선전선동 작업을 주로 하였다.

의용대의 팔로군이 있는 화북으로의 진격에 대해서는 염인호의 연구[4]가

상세하게 전하고 있다. 중국 각 전선이 전략적 대치국면에 들어가고, 중국군이 일본군 후방 유격전을 중시하는 속에서 일찍부터 일본군 후방지역에서의 유격전 단행론이 제기되었다. 이러한 내부 논의는 39년 10월 의용대 창립 1주년을 계기로 의용대의 전략적 방침으로 굳어져, 의용대의 무장화, 의용대의 화북으로의 북상, 유격전 단행, 화북동포 쟁취를 방침으로 결정하였다. 이에 따라 구대라는 명칭을 유격전에 알맞은 지대라고 개명하고 점차 단계적으로 화남의 부대를 북상시켜 일부의 부대가 황하강을 건너 화북에서 활동하기까지 하였다. 그러나 화북에서 국공간의 전투가 전개되고 화북의 유격지역이 점차 팔로군의 석권 하에 들어가자 의용대의 화북진입은 정체를 면하지 못하였다. 이러한 난관을 뚫기 위해 40년 10월~11월 의용대 창건 2주년을 계기로 의용대는 팔로군과의 결합, 팔로군 내 한인과의 연대 등을 표방하고, 중국측의 일방적 지시에 따르지 않고 보다 능동적으로 대처할 것임을 결정하였다. 이러한 결정 뒤에는 의용대 밖에서 한국광복군이 건립되고 의용대에 대해 도전해오게 됨에 따라, 이 경쟁에서 이기기 위한 의용대 간부들의 의도도 깔려 있었다. 이러한 방침에 따라 의용대는 군사위원회에 황하 도강을 주장하여 우선 3지대의 도강 허가를 받아냈다. 3지대는 일부의 1지대원이 포괄하여 황하를 도강하여 팔로군 지역에 들어갔고 이어 나머지 대원들도 대부분 황하를 도강하여 팔로군 지역으로 들어갔다. 팔로군 지역으로 대부분 이동함으로써 조선의용대는 이제 39년 10월에 확정한 무장화, 한인쟁취, 유격전 전개를 본격화할 수 있는 토대를 마련하였다. 이화림은 바로 여기서 말하는 3지대에 속해 있었으며 이에 따라 황허를 건너 1941년 5월 타이항산에 도착하게 된다.

1942년 4월 김백연(김두봉)이 진광화와 함께 이곳으로 왔으며 이화림은 진광화가 자신을 "변경지역의 행정 간부학교로 보내 당교육을 받게 하려고"하였다고 말했다. 팔로군 구이린판사처는 광둥에서 활동하고 있던 진광화를 소환

---

4) 염인호, 『朝鮮義勇軍 研究-民族運動을 中心으로』, 국민대학교 대학원 박사학위논문, 1994.

하여 옌안에 파견하여 교육을 받게 했다. 이후 1941년 조선의용대 주력이 화북팔로군 지구로 이동하자 옌안을 거쳐 이곳에 먼저 와 있던 진광화는 북상한 대원들에게 보고를 하였다. 1942년 5월 당시 조선의용대 간부로서는 화북조선청년연합회 회장(무정)과 함께 최고위직인 화북조선청년연합회의 지부장으로 구체적 조직사업은 진광화가 책임졌다. 1942년말에 조선의용군 사령관으로 임명된 무정은 타이항산에 가서 화북조선혁명군사학교를 세우고 직접 교장을 겸임하였다. 42년 7월 화북조선청년연합회(화청련) 2차대회에서 화청련은 청년화북조선독립동맹으로 개편되고 조선의용대는 조선의용군 화북지대로 편입된다. 조선의용군은 3개의 지대와 한 개의 부녀국으로 개편되었다. 이화림은 3지대에 속하여 의료업무를 맡고 있었다. 의용군은 주로 무장선전활동에 집중하고 있었기 때문에 가급적 전투를 피하였으나 선전활동 중 일본군의 적극적 대응이 있는 경우 전투가 벌어지기도 하였다.

　대표적 전투로 호가장전투, 제3지대의 읍성전투와 반소탕전을 들 수 있다. 1941년 12월 12일에 있었던 호가장 전투는 제2지대가 선전활동을 나간 마을에서 벌어진 전투였기 때문에 이화림이 관계 했던 전투는 아니었다. 그 후 진광화와 윤세주가 전사한 1942년 5월의 반소탕전에서 이화림은 부상한 의용대원의 치료를 맡았다. 독립동맹 의용군은 결성 직후부터 대원들을 팔로군식으로 개조하는 일을 매우 중요한 과제로 삼았으며 이에 따라 만들어진 화북조선청년혁명학교의 학기는 5개월이었다. 타이항산에서 이화림이 갔다고 하는 학교는 바로 이 화북조선청년혁명학교를 말하는 것이다. 이화림이 "학교에서 중국공산당의 혁명 투쟁사와 항일방침 등의 과목을 배웠다"고 한 진술은 이러한 상황에서 이루어진 교육이었다.

　둥베이로 진출하기 위해 화북으로 들어왔던 의용군 대원들을 맞이했던 것은 일본군의 봉쇄와 더불어 가난과 굶주림이었다. 41년 이후 팔로군은 그간 양식을 공급해왔던 근거지를 대부분 상실하고 주로 토지가 척박한 곳만을 근

1942년 반소탕전에서
의용군을 치료하고 있는
이화림

거지로 확보하고 있었으며 일본군은 물론 국민당 군대로부터도 봉쇄되어 있
었다. 나아가 42~43년의 대한발(大旱魃)로 기근은 매우 일반화되어 있었다.
이화림은 당시에 대해 다음과 같이 말하고 있다.

> 적군의 반복적인 소탕작전으로 타이항산의 물자는 매우 부족해 심각한
> 경제난을 겪었다. 그때 타이항산 군민은 옥수수면에 겨를 섞어 먹었다.
> 이것도 적의 점령지역 사람들이 생명의 위험을 무릅쓰고 근거지로 보내
> 온 것이었다. 어떤 때는 옥수수면도 없어 겨를 먹을 수밖에 없었다.

당시 부녀국 대장이었던 이화림은 "매일 대원들을 이끌고 산비탈이나 강가
에 가서 산나물을 채취했다". 산나물을 캐면서 함께 노래를 불렀으며, 특히 한
국민요 '도라지'의 곡조에 새로운 가사를 넣어 '미나리'라는 곡을 만들어 모두

가 합창을 하곤 했다. 노랫말은 "미나리 미나리 돌미나리/태항산 골짜기의 돌미나리/한두 뿌리만 뜯어도/대바구니가 찰찰 넘치누나/남동무들은 곡괭이 메고 /태항산 골짜기로 올라가서/한포기 두포기 드덜기(나무등걸)빼고/감자를 두둥실 심는구나."였다. 이 미나리라는 곡을 정율성이 작사, 작곡했다고 서술하는 경우가 종종 있는데, 이화림은 자신이 도라지를 변환시킨 가사를 모두가 의견을 주어 수정한 집단 창작이라고 말하고 있다. 어쨌든지 간에 중국인민해방군가를 작곡한 정율성과 이화림은 타이항산에서 식생활을 해결하기 위하여 산나물과 미나리를 캐면서 함께 노래도 부르면서 시름을 잊었고 훗날 옌안으로 가는 길에도 함께 하면서 상당한 친분을 쌓았던 것 같다. 1963년 정율성이 정치적 어려움을 겪으면서 옌볜 자치주 위생처에서 일하고 있던 이화림을 찾아와 반갑게 재회하기도 하였다.

이화림은 1943년 5월 조선의용군 사령관 무정이 지시하여 간호사겸 의사 조수 등의 병원업무를 맡았다고 한다. 그녀는 "조선독립동맹은 1943년 3월에 타이항산에 대중병원을 설립"하였는데 '내과와 외과 및 약품제조실'이 있었으며 백단대전[5] 당시 포로로 잡혀온 백은도라는 자가 병원장겸 내과의사를 맡았다고 한다. 의용군은 43년 초 변구의 진남은행(晉南銀行)에서 1만원을 빌려 이 자금으로 병원과 이발소를 세웠다. 의용군 독립동맹이 운영하는 대중병원은 43년 3월 자본금 2,000원을 들여 설립하였다. 적의 포위와 봉쇄로 상당한 어려움에 처해있던 상황에서 병원 종사자들은 야생약초를 활용하여 학질, 매독, 옴 등의 치료제를 제조하여 농민들에게는 무료로 치료해주어 환영을 받았다고 한다. 병원은 우수병원, 원장은 노동영웅으로 표창되고 이화림도 노동모범으로 3000원의 상금을 받았다.

---

5) 백단대전(百團大戰): 1940년 8월 20일부터 1941년 1월 24일까지 화베이 지방에서 일어난 중국 공산당의 국민혁명군과 일본제국 육군 사이의 전투이다. 중국 팔로군이 일본제국이 점령한 중국 지역에서 광산, 수송 통로를 기습 공격했으며 120사단, 129사단이 게릴라전을 펼쳤다. 이 전투는 100개 연대가 참여했다고 하여 백단대전이라고 부른다.

노후의 이화림

1943년 12월 무정이 조선의용군 각 지대는 일부만 타이항산에 남고 옌안으로 가서 훈련을 받으라는 공산당의 결정을 전하였다. 옌안으로 가는 명단에 이화림도 있었으며, 1945년 옌안의 옌안중국의과대학에 타이항산의 병원에서 행정 일을 했던 김화와 함께 입학하였다. 김학철은 이화림이 옌안으로 가게 된 것에 대하여 "이화림이 싸우는 태항산을 떠나서 연안으로-의학전문학교로-학습을 가게 된 것도 까놓고 말하면 일종의 경이원지를 당한 것이었다."라고 하면서 남성 의용대원들과의 문제 때문이라고 말하고 있다. 그 후 일본이 패망하였으며 옌안의 의용군은 둥베이로 진군하였으며 이화림은 학교에 남아 공부를 계속하였다.

공산당과 국민당의 내전이 격화되고 있는 가운데 1946년 11월 중국공산당원이 되었으며 1947년 의과대학을 20기로 졸업하고 옌볜의학원 전신인 중국의과대학 제1분교로 발령이 났다. 이화림은 제20기였지만 21기 졸업대상이었다고 하는데, 21기는 1947년 7월 헤이룽장성(黑龍江省) 싱산(興山)과 1948년 3월 옌볜 룽징에서 각각 74명, 39명이 졸업하였다. 기수별 졸업장소가 각각 다른 것은 국공내전으로 인한 혼란 때문인 것으로 보인다. 1948년 2월 8일 조선인민군이 창설되었으며, 북한정권의 요구에 따라 1949년 7월에 두 개 사단 약 37,000명이 북한으로 들어가 인민군에 최초로 합류하였다. 그 중 방호산이 이끈 166사가 조선인민군 제6사단으로 재편되는데 아마도 이화림은 166사의 일원으로 합류 했던 것으로 보인다. 조선인민군 제6독립군단 전선의무소 소장이 되어 조선인민군 의료부를 강화하라는 지시를 수행하였다. 1950년 한국전쟁이 발발하자 전쟁터에서 의료대로 활동하다가 후방으로 부상자를 이송하던 중 1952년 다리부상으로 선양의 지원군 후방부 총사령부로 돌아갔다.

김학철은 한국전쟁 당시의 이화림에 대해 예전 동지와 주고받은 이야기도 전하고 있다. "황재연이 조선전쟁 때 사단장으로 일하다가 병이 나서 야전병원에 입원을 해보니 그 병원의 원장이 '누군지 알아? 바로 그 화림이란 말이야!' 이렇게 말하고 황재연이 윗고개를 치는데 나도 덩달아 '그래애? 아하하' 하고 소가지 없이 비웃"었다면서, 반성적으로 회고하고 있다. 부상 치료 후 중국에 남아 선양의사학교 부교장, 중공고급당교에서 수학하였으며 중국 교통부 위생기술과 간부, 옌볜 조선족자치주 위생국 부국장과 주의 당대표를 맡아 활동하였다. 문화대혁명 당시에는 반혁명분자로 찍혀 10년 동안 온갖 고초를 당하였다. 그 후 복권되었지만 노년에는 다롄으로 옮겨 요양하면서 조선족을 위한 다양한 봉사활동을 하였다. 1999년 2월 95세의 일기로 생을 마감했다.

여성독립운동가 이화림의 삶을 개략해 보면 몇 가지 특징이 보인다. 우선 그녀의 중국으로의 이주가 단신 이주라는 것을 들 수 있다. 독립운동을 위하여 중국으로 이주했던 여성 독립운동가들 대부분은 가족관계 속에서 이주하였으며, 조선 의용군부녀단 단장 박차정 등 이름이 알려진 독립운동가들의 경우 가족관계 속에서 이주가 이루어지고 주변인들의 영향력에 대해서도 비교적 알려져 있다. 그러나 이화림의 경우 큰오빠 이춘성으로 생각되는 사람이 동베이에서 독립운동을 하는 있는 것이 아닐까 하는 이화림의 유추만이 있을 뿐이다. 이처럼 이화림 자신의 진술은 있지만 가족들에 대해서 알려진 사실이 별로 없다. 또한 아버지와 오빠가 동베이로 갔다고 하지만 그녀는 홀로 상하이로 이주하여 독립적인 생활을 하였다. 물론 중국으로의 이주와 생활 그리고 그 후 중국에서의 생활에는 평양에서의 '문학역사연구회' 관련 사람들의 도움을 비롯하여 재중조선인 네트워크의 지지와 지원이 없었다는 것은 아니다.

두 번째, 이화림의 이주에는 국내 상황의 암울함에서 비롯하여 독립운동의 새로운 돌파구를 열고자 하는 의지가 강하게 작동하였다고 할 수 있다. 거기에 더하여 이화림의 향학열도 있었던 것 같다. 김구를 도와 한인애국단의 일원으로 독립운동을 지속하였지만 광저우로 떠나 새로이 독립운동의 길을 모색하면서도 공부를 계속하였다. 광저우에서 간호사로 일하면서 학업을 이어갔으며, 옌안으로 가서도 의과대학에 들어가 학업을 계속하였다. 매시기 학업을 이어갈 수 있는 기회가 주어졌으며 그 때마다 남다른 향학열이 있었던 것 같다. 물론 무정의 권유가 있었지만 모든 조선의용군이 둥베이로 이동할 때도 이화림은 옌볜에 남아서 학업을 계속하여 중국의과대학을 무사히 졸업하였다. 이화림은 조선의 망국 상황에 대한 울분과 구국에 대한 의지, 그리고 자신의 출로를 개척하려는 향학의지 등으로 중국으로 이주하여 독립운동을 하였다고 할 수 있다.

셋째, 이화림은 중국에서 정세의 변화에 따라 여러 지역으로 이주를 반복하는 가운데, 항일독립운동 명망가들과 곳곳에서 조우하고 함께 일을 해나간다. 우선 평양에서 인천으로 가 안둥으로 갔다가 재차 상하이로 간다. 김구를 만나 윤봉길 의거 참여 이후 광저우로 간다. 광저우에서는 진광화, 윤세주와 교류하면서 김창국과 결혼하여 출산을 하였으며, 난징에서 이집중과 재혼하여 충칭, 구이린으로 갔다가 타이항산에서 '생산'을 함께 한 정율성, 그리고 옌안에서 김두봉과 재회, 중국의과대학 입학과 졸업 후 옌볜의학원에서 일하였다. 해방 후 북한으로 들어갔다가 다시 중국 선양으로 나와 지린성과 옌볜에서 위생국 등에서 일하였다. 말년은 다롄에서 보냈다.

마지막으로 이화림은 자신에게 가정 안에서 가사와 육아를 요청하는 남편들의 요구와 자신의 갈망이 서로 조화하지 못하는 상황에 이르면 고민 끝에 자신의 일에 대한 의지를 재확인하고 자신의 욕구와 '대의'에 충실한 선택을 한다. 이에 두 번의 이혼을 감행한다. 그리고 결국 독립투쟁을 수행하면서도 옌안 중국의과대학을 졸업하고 의사가 되어 의료사업에 종사하였다. 1984년 퇴직까지 줄곧 옌볜위생학교 교장, 옌볜조선족자치주 위생처 부처장, 위생국 부국장 등을 지냈으며 다시 가정을 갖지 않았다.

참고문헌

金正明 編,「国民公論に掲載されたる朝鮮義勇隊宣伝記事」『朝鮮独立運動:民族主義運動編』, 原書房, 1967.

김학철,『김학철전집7 : 항전별곡』, 연변인민출판사, 2012.

김학철a,「'강녕별장'훈련소」『중국조선민족 발자취총서3: 봉화』, 민족, 1989.

김학철b,「이화림- 반세기」『누구와 함께 지난날의 꿈을 이야기하랴』, 서울: 실천문학사, 1994.

王繼賢 編著,『中國戰場上的朝鮮義勇隊』, 朝鮮義勇隊印行, 1940.3.1.

李華林,「爲什麼中韓兩民族要團結」(『朝鮮義勇隊通迅』第22期, 1939.8. 21.)『海外의 韓國獨立運動史料 (Ⅷ)中國篇』, 국가보훈처, 1993.

李華林,「朝鮮志士行刺日本侵略者白川等的義擧」, 上海市政協文史資料委員會 編

리화림, 김환 정리,「진리의 향도따라」『중국의 광활한 대지 우에서』, 조선의용군 발자취 집필조, 연변인민출판사, 1987.

李华林 述, 张传杰·孙静丽 著,『征途 华林忆搞』, 辽宁民族出版社, 1995=이화림 구술, 장찬제·순징리 정리, 박경철·이선경 역,『이화림 회고록(征途)』, 차이나하우스, 2015.

林哲愛,「警告日本的革命大衆」(『朝鮮民族戰線 創刊號』, 1938年 4月 10日)『韓國獨立運動史 資料叢書 第2輯 震光·朝鮮民族戰線·朝鮮義勇隊(通訊)』, 독립기념관 한국독립운동사 연구소, 1988.

林哲愛,「朝鮮婦女和婦女運動」(『朝鮮民族戰線 第三期』1938年 5月 10日)『韓國獨立運動史 資料叢書 第2輯 震光·朝鮮民族戰線·朝鮮義勇隊(通訊)』, 독립기념관 한국독립운동사 연구소, 1988.

林哲愛,「朝鮮婦女和婦女運動(續)」(『朝鮮民族戰線 第五六期 合刊』1938年 6月 25日)『韓國獨立運動史 資料叢書 第2輯 震光·朝鮮民族戰線·朝鮮義勇隊(通訊)』, 독립기념관 한국독립운동사 연구소, 1988.

張秀延,「從重慶到桂林以後的感傷」(『朝鮮義勇隊通訊』第18期, 1939.7. 11.)『海外의 韓國獨立運動史料 (Ⅷ)中國篇』, 국가보훈처, 1993.

中国医科大学编,『中國醫科大學一覽』. 中國醫科大學, 1950.

姜大敏,「女性朝鮮義勇軍 朴次貞 義士: 中國昆崙山 抗日戰에서 重傷殉國」, 서울: 高句麗, 2004.

강영심,「조선의용대 여성대원, 이화림」『여/성이론』11, 2004.12.

金永柱,「韓國最初의 女流飛行士 權基玉」『역사와 실학』32, 2007.

김은식,『중국의 별이 된 조선의 독립군 정율성』, 이상미디어, 2016.

박경철,「이화림 여사와 항일운동」『타이항산 아리랑』, 한중항일역사 탐방단, 차이나하우스, 2014.

박석분·박은봉,「이화림 조선의용군 부녀대장」『근·현대사 속의 여성 30인의 삶을 통해보는 인물여성사』, 서울: 새날, 1994.

염인호,『朝鮮義勇軍 硏究-民族運動을 中心으로』, 국민대학교 대학원 박사학위논문, 1994.

이윤옥,『여성독립운동가 300인 인물사전』, 얼레빗, 2018.

이이화,「이화림 조선의용군 출신의 여인」『빼앗긴 들에도 봄은 오리니』, 김영사, 2008.

최기영,「李斗山의 在中獨立運動」『한국근현대사연구』42, 한국근현대사학회, 2007.9.

황희면,「독립투사 이화림 여사와 대련조선족 노인회」(1992~2012) 재중국한국인20년사 1- 한인사회편』, 서울: 재중국한국인회: 가교, 2013.

여성사로
읽는
항일독립운동

V

항일여성운동가와
수감생활

이 종 민

01 옥중의 여성들을 보는 시선

　1919년 3·1운동 만세 시위로 거리에 나섰다가 연행된 여성들은 여학생과 교사, 종교인이 다수를 이루었다. 학교와 기숙사 및 가정이라는 한정된 공간에 주로 머물던 여성들이 시위를 위해 거리로 나왔을 때, 그 행위는 개인적인 결의 또는 조직적 인맥이나 준비에 의거한 적극적 것이었지만, 그녀들을 연행해간 경찰서와 감옥에서는 그 자발성과 주체성을 전면 부정하였다. 시위 참가로 체포되어 경찰서 유치장과 감옥[1]을 거쳐 훈방되거나 재판에 넘겨진 여성들은 당시의 경험을 사후에 구체적으로 토로한 바 있다.[2]

　　■ 경찰의 시선 : 누가 시키더냐? 남자와 같이 왔지? 외국인이 시켜서
　　　　　　　　　 한 게 아닌가? 임신했지?
　　■ 간수의 시선 : 니들이 뭘 안다고 독립이냐? 가정생활 개량도 못 하는
　　　　　　　　　 주제에.

---

1) 감옥은 1923년부터 정식 명칭을 형무소로 바꾸게 되나, 이 글에서는 서술의 통일성을 위해 감옥으로 통칭하기로 한다.
2) 「풀려난 소녀 죄수의 이야기」1~6, 『재한선교사보고문건』, 한국독립운동사 정보시스템 (https://search.i815.or.kr/) 007630-02-0063~0068, 李亞洲, 「北岳山 머리에 눈이 쌓일 때」, 『죽음의 집의 기록』, 한샘출판사, 1977.

경찰서에서 받은 심문과 폭력 행사에 대한 소녀들의 증언(「풀려난 소녀 죄수의 이야기」)을 채록한 선교사들의 기록을 보면, 대규모 시위 사태에 직면한 경찰 당국자(종로경찰서)의 흥분된 태도와 이에 맞서는 여학생들간의 문답 상황이 생생하게 전달된다. 경찰은 연행된 여학생들을 누군가의 선동에 의해 움직이는 수동체, 특히 남자(외국인, 선생)와의 관계를 통해 지시받는 객체로 간주하였다. 이에 대해 소녀들은 "나는 성인인데, 왜 나의 생각을 가져서는 안되는가?", "나는 엄청나게 많은 문제들을 보아 왔다, 그러나 나는 지금까지 말할 기회를 갖지 못했다", "그래서 자유를 외치기 위해 나왔다", "어떤 외국인도 나에게 이를 가르쳐 주지 않았다"고 응수했다. 이 과정에서 여학생들은 머리와 뺨에 대한 무차별적인 구타와 체벌 및 모욕, "죄가 없다면 옷을 벗어 증명하라"는 요구와 "끔찍한 일"이 있었음을 자세히 증언하였다.

경찰서를 거쳐 감옥에 수감된 여성들에게는 일본인 간수들의 '훈계'가 기다리고 있었다. 여기서도 역시 함부로 정치 영역을 알거나 말할 자격이 없는 조선여자들을 비난하는 한편 여성이 '개량'해야 할 영역을 가정으로 한정하였다. "욕에서 시작하여 욕으로 끝나는" 훈계는 여성들의 기억에 오래 남아 기록되었다.

한편 여성들의 수감생활에 대한 연구는 대부분 3·1운동기 여성들의 활약을 그리는 과정에서 부가적으로 언급되는 경우가 많았는데, 대부분 경찰 및 행형 당국으로부터 받은 '수난' 사실을 열거하는 방식으로 전개되었다. 검거된 이후의 심문과 고문 과정에서 유독 여성들에게는 "모욕적인 성고문"이 이어져, "발가벗긴 채 기절하도록 때리고", "거울 앞에서 기어가도록 하기도 하고 찬물 끼얹기와 인두당근질을 번갈아" 하는 일들이 일어났음을 고발하는 것이다.

당시 조선의 상황을 알리는 북경의 영자신문 《북경데일리뉴스(Peking Daily News)》나 선교사들의 기록에 근거한 연구들은 당시 경찰서와 감옥 내에서 일어난 상황을 알리는 데 주력하여 왔다.

그런데 유치장이나 감옥 안에서 여성들에게 '무슨 일이 있었는지'를 열거하는 가운데, 여성들은 순국이나 성고문 등 연속적인 수난을 당하는 '대상'으로만 고정되는 경향이 있었다. 여수감자 그 자체를 대상으로 한 연구는 2010년 이후에야 박경목의 연구에서 이루어졌다(박경목, 2014). 서대문형무소 내 수형기록카드를 분석하여 1919년~1945년간의 수감현황과 명단으로 '언제 어느 지역의 누가 어떤 죄목으로 수감 생활을 하였는지' 구체적으로 밝혀낸 것이다. 이 글에서는 서대문감옥 외에도 식민지 시기 여성들이 많이 수감되었던 장소에 눈을 돌려 당시의 수감 현황을 들여다보고자 하였다. 특히 회고록과 증언 등을 통하여 당시 여성들이 어떻게 생활하면서 무엇을 느끼고 대응해 나갔는지, 최대한 그들 자신의 목소리로 되짚어 보기로 한다.

02 여감의 확장과 수감생활

　3·1운동을 계기로 학생에서부터 교사, 종교관계자, 주부, 기생 등 다양한 여성들이 시위에 참가하였고, 그 결과 체포되어 조사를 받거나 수감되는 일이 빈번해졌다. 총독부 당국은 강제병합이래 각지에 만들었던 소규모의 여감을 확장하지 않을 수 없게 되었다. 이 글에서는 식민지시기 여성들이 가장 많이 수감되었던 세 감옥, 즉 서대문감옥과 평양감옥 그리고 대구감옥에 중점을 두고 여감의 시기별 확장세와 생활을 살펴보기로 한다.

　〈표 1〉은 조선총독부 법무국 행형과에서 1937년 7월 말에 집계한 것을 정리한 것이다. 당시 전국의 감옥 내 총 수감자 18,733명 중 여성은 총 647명이 있었는데, 이중 여성수감자가 많이 수용된 감옥을 추리면 '여수(女囚)'의 비중이 10% 이상으로 나온 서대문 - 평양 - 대구 순으로 순위가 정리된다. 이 세 곳이 대표적인 장소가 된 이유는 서울과 평양 대구에 복심법원이 있었으므로 피고인이 항소하면 복심법원이 있는 해당 지역의 형무소로 이감되었고, 그 때문에 미결수부터 무기수와 사형수까지 수감되었기 때문이다.

<표 1> 1937년 7월말 주요감옥 내 여성재소자수 비교 (『조선의 행형제도』 중)

순위	형무소명	여성수감자	전국 여성수감자수(647명) 대비 해당 감옥의 여성비	남녀총인원
1	서대문형무소	193명	29.83%	2,268명
2	평양형무소	115명	17.77%	1,128명
3	대구형무소	75명	11.59%	1,269명
4	공주형무소	62명	9.58%	658명
5	함흥형무소	46명	7.11%	1,042명
6	광주형무소	39명	6.03%	719명
7	청진형무소	27명	4.17%	815명
8	목포형무소	21명	3.25%	549명
9	신의주형무소	16명	2.47%	1,115명

※ 비고 : 해당년도에 본표의 인원 외 동반 유아 남(10), 여(9), 합계 19명 있음.

이같은 순위는 일제강점기를 통틀어 거의 변하지 않았는데, 이를 조선총독부의 통계 중 조선인 여성만으로 집계한 재감인원 통계로 다시 정리해보면 〈표 2〉와 같다. 당시 전국의 감옥 중 22~23개 감옥이 여수를 수용하였는데, 그 절반이 넘는 인원을 대부분 서대문 – 평양 – 대구 세 감옥에서 수용하였음을 알 수 있다. 특히 일제 말기로 갈수록 서대문과 평양 감옥의 여성 수용 비중이 더욱 높아진 것을 알 수 있다. 전체 여수 중에는 절도와 살인, 방화범 등도 다수 수용되어 있었으므로 이 인원 중에서 여성 항일운동가들은 한정된 수에 그칠 것이다. 다만 물건의 운반이나 연락 등의 독립운동 연계 활동이나 생존을 위한 쟁의, 조직적 항의로 인해 구금된 수인의 범법 사유 중에는 일반 범법 행위와 정치·사상범과의 경계가 모호한 경우도 적지 않았다.

<表 2> 주요 세 감옥의 년도별 여수 비율

년도	여수감자 총수	서대문감옥	평양감옥	대구감옥
1913년	446명	74명(16.59%)	63명(14.13%)	86명(19.28%)
1918년	735명	108명(14.69%)	98명(13.33%)	109명(14.83%)
1923년	543명	82명(15.10%)	104명(19.15%)	69명(12.71%)
1928년	457명	84명(18.38%)	85명(18.60%)	60명(13.13%)
1933년	527명	127명(24.10%)	96명(18.22%)	52명(9.87%)
1938년	582명	190명(32.65%)	94명(16.15%)	47명(8.08%)
1943년	846명	235명(27.78%)	153명(18.09%)	53명(6.26%)

〈조선총독부 통계연보〉에서 작성.

일제강점기를 통틀어 여성 재감자 수가 가장 많은 곳은 식민지 조선의 대표 감옥인 서대문감옥이었다. 1908년 경성부 서대문 밖 금계동에 경성감옥의 이름으로 자리를 잡은 장소이다(1912년에 서대문감옥, 1923년에 서대문형무소로 개칭). 18세 미만의 소년들이 별도의 소년감옥(개성/김천/인천 소재)에 수용되었던 것과는 달리 18세 미만의 소녀들은 서대문감옥에 수용되었으므로, 서대문감옥 내 여성의 비중은 더욱 높아질 수밖에 없었다. 1941년 조사에 의하면 여옥사의 감방 수는 미결과 기결을 합쳐 총 22개에 정원은 78명이었고, 실제로 수용된 인원은 정원의 두 배가 넘는 167명이었다.

1919~1945년까지 서대문감옥에 수감되었던 여성 '사상범'들의 수형기록을 분석한 연구(박경목, 2014)에 따르면, 형기와 형명이 기재된 96명 중 가장 많은 인원이 받은 형량은 징역 6월로 35명이고, 그 다음 징역 2년 10명과 1년 10명의 순이었다. 구류취소, 기소유예, 예심면소로 10명, 구류 처분 4명을 제외하고 나머지 인원은 무기징역(1명)부터 징역 4월에 걸치는 형량을 선고받았다.

당초 서대문감옥의 여감은 1914년 4월에 신축이 시작되었다. 그 이전에는 별도의 여감 옥사가 없었던 것으로 추정된다. 신축 여감이 1918년에 준공된 이래 1936년에도 다시 증축이 이루어졌다. 감옥 구내는 남자 수형자들의 구역(이하 남구男區)과 여자 수형자들의 구역(이하 여구女區)으로 나뉘어 있었는데, 여옥사는 공장과 교회당이 여성 전용으로 별도로 배치되어 독립적인 구역 안에서 생활하였다(배치도 참조). 서대문감옥의 배치도에서 흰색 실선으로 표시된 구역이 여구이다. 수형자들의 노동력이 중시되기 시작한 1930년대에는 여성들만의 공장 신축을 개시하여 40여평의 공장을 여감에 붙여 준공하였고(1935. 12), 그 이듬해에는 여성들의 잡거방 약 19평을 증축하였다(1936. 9.).

서대문감옥의 배치도와 여감방 증축 배치도(1936)

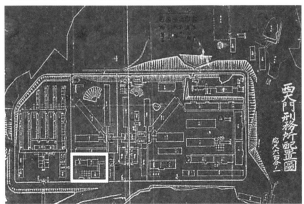

(최병설 제공)

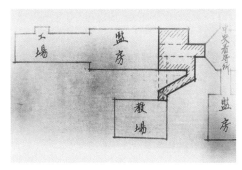

(국가기록원 소장자료)

서대문형무소역사관 내 복원된 여옥사와 8호 감방(2020)

　한편 평안남도 평양부 암정(巖町)소재의 평양감옥은 평양이사청 부속 감옥을 사용하다가 1909년 9월 신축 낙성 후 증·개축을 거듭하였으나 기존의 평양관찰사(이후 경무청) 부속 감옥 건물도 1935년까지 평양형무소 대흥부(大興部) 출장소로 사용하였다. 바로 이 출장소 건물이 1918년부터 여감 전용으로 사용되었다. 사진에서 보는 바와 같이 이 출장소는 임시로 죄수를 수용하던 한옥 건물로서, 일본의 다다미 4조(1조: 약 0.5평)에서 7조 크기의 감방이 4개뿐인 곳이었다. 수용 인원이 점점 증가함에 따라 여감 개축과 이전 논의가 1920년대 후반부터 지속되어온 데다, 1930년대 초반 수감자의 격증으로 더 이상 대응하기 어려워지자 신축을 계획하게 된다. 1934년에 여감 신축이 개시되어

대흥부출장소와 평양감옥 (『조선의 행형제도』)

대흥부출장소　　　　　　　　　　　　　　　평양형무소 정문

감방 96평과 공장 89평 등이 들어간 건물 1동을 증축하였다. 1935년에 새로운 건물이 완성되어 여수감자들이 이감되고 대흥부 출장소는 폐지되었다.

대구감옥은 1908년 7월 경상북도 대구 동상면(東上面)에 지어진 이사청 감옥을 이어받아 쓰던 중 1910년 2월 15일에 경상북도 대구부 도청 옆 자리로 신축 이전하였다. 1921년 확장 이후 여러 번의 증축을 거듭하였으나, 여감의 연혁에 대해서는 분명하지 않다. 1939년 경 여감의 면적은 약 59평 정도로, 기결감만으로 잡거방 8개, 독거방 2개로 구성된 옥사와 공장 등이 여수형자들의 구역을 형성하고 있었다.

서대문감옥의 경우, 사상범이 많았던 사정으로 이들의 소통과 상호 영향력을 줄이기 위해 수형자 간 분리에 많은 신경을 써왔다. 따라서 남구(男區)에서는 홀로 생활하는 독거방(獨居房)의 비중이 기결감과 미결감 모두에서 특별히 높았던 것과 달리, 여구(女區)에서는 독거방의 비중이 그다지 크지 않았다. 아래의 〈표 3〉에서 보듯이 1941년의 조사에 따르면, 여옥사에서 미결감인 구치감은 총 8개의 감방으로, 독거방(獨居房 : 홀로 기거하는 감방)이 6개에 잡거방(雜居房: 여러 명이 기거하는 감방)이 2개였다. 반면 기결감의 경우에는 총 14개의 감방 중 잡거방이 12개인데 비하여 독거방은 2개에 불과하여, 남자 수형자에 비해 볼 때 잡거방에 함께 수용되는 경우가 훨씬 많았음을 알 수 있다.

대구감옥
(『조선의 행형제도』)

재판 중인 미결수들은 소통을 막기 위해 독거방이 많았으나 여감의 경우 기결수가 되면 잡거하는 경우가 대다수였다. 이와 같은 현상은 다른 지역의 여감에서도 공통적으로 나타난다. 대부분의 형무소에서 여수의 비율이 10%를 넘지 않는 데다가, 사상범의 비중이 남성에 비해 상대적으로 적었다는 점에서 수형자 간 분리 구금 환경을 만드는 일에 굳이 재정을 투입하지 않았던 것으로 추측된다.

〈표 3〉 구금정원과 현 인원(1941)

(단위: 명)

종별		기결					미결				합계
		잡거	독거	병사	기타	계	잡거	독거	병사	계	
남구	房數	147	201	8	9	365	36	192	12	240	605
	정원	933	201	87	15	1,236	324	192	52	568	1,804
	현원	2,032	141	75	–	2,248	632	9	22	663	2,911
여구	방수	12	2	–	–	14	2	6	–	8	22
	정원	60	2	–	–	62	10	6	–	16	78
	현원	124	1	–	–	125	42	–	–	42	167

서대문형무소, 『형무요람』, 1943년에서 정리
참고) 병사(病舍)란 환자 수감자들을 구금하는 곳이다.

이같은 환경으로 인해 여자 수형자들은 다양한 경위로 수감된 자들이 모여 생활하는 가운데, 남자 수형자에 비해 상대적으로 더 많은 의사소통의 기회를 가졌을 것이다. 다만 이같은 점으로 인해 관리자들 또한 이들을 보다 치밀하게 감시, 관리하고자 하였을 것이다.

03 회고를 통해 본 수감생활의 기억

수감 생활의 시작

전국 각지에서 3·1운동으로 연행되었던 사람들은 우선 경찰서 유치장에서 심문을 받기 위해 수용되었으나, 넘치는 수용 인원으로 인해 여성들은 별도의 여성용 유치장없이 이곳저곳 임시 장소에서 전전하는 경우도 많았다. 이와 같은 상황 속에서 여성들이 성희롱이나 성폭력에 시달렸다는 기사와 회고가 많았다. 평양 숭의학교 재직 중 송죽회에 가담하고 평안남도 중화군 양무학교 교사로 3·1운동에 참가하였던 이효덕(李孝德, 1895~1978)은 평양의 중화읍 경찰서 숙직실 현관이나 평양검사국 복도에 홀로 대기하던 시간을 "잊을 수 없는 치욕"으로 기록하였다. 언제 끝날지 모르는 심문에 대응하며 불안하게 대기하던 경찰서 유치장이나 임시 구치소에서 감옥으로 이송되고 나서야 비로소 여감 안에서 동료들을 만나게 되었다. 그녀는 다음 해 4월에 평양감옥을 출소하여 이후 근우회 활동을 이끌게 된다.

> 그들은 내가 태극기를 그리고 학생들에게 애국정신을 고취시키고 또 그들을 선동시켜 경관의 단추가 떨어지도록 난동을 부리게 했다는 죄목으로 평양검사국으로 호송하는 것이었다. 역시 유치장은 만원이었고 여자는 나 혼자였다. 나는 또다시 복도에 앉아서 놈들의 노리개감이 되었다. (중략) 평양 대흥부 여감옥으로 가서 동지 박현숙, 김연실, 채혜수, 조충성, 나

운주 외 수십명을 만날 수 있었다. 같은 방에는 있지 않아도 하루 한번 운동을 시키기 위해 우리들을 마당에서 돌게 할 때마다 볼 수 있었고 웃음의 눈으로 무언의 말을 주고 받을 수가 있었으니 그 시간이야말로 가장 기다려지는 기쁜 시간이었다

(「교장이 앞장서서 만세!」, 김상현 편, 『실록: 민족의 저항 제2편 독방』, 한샘출판사, 1977년, 350쪽).

대한민국애국부인회 사건으로 장선희, 김영순, 이정순, 이혜경, 신의경, 유인경과 함께 검거되어 징역 5년을 받고 대구감옥에서 수감 생활을 한 바 있는 황애덕(黃愛德, 1892~1971)은 수감 당시의 심정을 다음과 같이 표현하였다.

빗장을 열고 벙싯 감방 문을 열었다가 덜컹하고 다시 문이 닫혔다고 상상해 보십시오. 그 덜컹하는 소리가 어떻게 음산하고 처량하고 무서웠던지 모르겠습니다. 그 닫힌 문을 바라보면 밥구멍이 있고 그 조금 위에 간수들이 10분만에 한 번씩 감시하는 감시 구멍이 있습니다. 밖에서 쇳조각을 달삭 들고 책(柵: 창살-인용자)을 통하여 겨우 두 눈을 반짝거리고 보는 일본 여간수가 있습니다

(황에스더(황애덕), 「대구여감의 0141호」, 『동광』, 1931. 11.)

수감 생활이 시작되면서, 가장 직접적으로 대면하게 되는 권력자는 간수였다. 많은 수감자들이 석방 후에 수감생활을 회고하면서 간수의 말과 눈빛에 대해 기억하는 것은 일거수 일투족을 감시하는 간수가 수형자들에게 막강한 권력을 행사할 수 있었기 때문이다. 그들의 판단과 기분에 따라 질책을 받고 폭행을 당하거나 식사의 양이 줄었고, 추가로 징벌을 받거나 분리 수감될 수도 있었다. 특히 처음으로 수감 경험을 갖는 소녀들이 "그들이 우리에게 명령을 내리기 위해 소리를 지를 때 보면 마치 하늘과 땅이 산산이 부서지는 것 같았다. 우리가 철창 안에 있을 때 그들은 작은 구멍을 통해 우리 영혼이 두려움으로 녹아버릴 때까지 밤낮으로 지켜보았다"고 기록한 것에서 보이는 것처럼 '줄곧 지켜보는 감시 생활'은 수감 생활에 큰 고통을 안겨주었다.

일과 시간 중 지켜야 하는 규칙과 자세 역시 적용하기까지 어려움을 안겨주었다. 수감 초기 취침 시간보다 15분 일찍 잠자리에 들었다는 이유로 저녁 9시부터 그 다음 날 오전 7시까지 잠을 자지 못하는 벌을 받기도 하였으며, 일본식 정좌(正坐 : 꿇어 앉는 자세)로 수인번호 순으로 앉아야 하는 기본 자세에 익숙치 못하여 체벌을 받는 일도 속출하였다. 정신여학교 재학 중 시위에 참가하였던 이아주(李娥珠, 1899~1968)는 징역 6개월을 선고받고 서대문감옥에서 간수에게 들었던 다음과 같은 말을 회고하였다.

> 붉은 옷을 입힌 후에 죽 둘러 앉히더니 네가 소위 조선여자이냐, 네까짓 것들이 건방지게 웬 정치에 상관을 하느냐, 아직 조선여자는 정치에 상관할 정도가 못 된다. 너희는 지금 겨우 가정이나 개량하고 자녀나 잘 양육하라고 할 때에 조선여자 중 한 분자(分子)인 저는 가슴을 칼로 베는 듯이 느꼈습니다
>
> (이아주, 「북악산 머리에 눈이 쌓일 때」, 동아일보 1920.4.28.).

이렇게 수감생활을 시작한 여성들의 심경이 노래로 전해진 바 있는데, 그 가족이나 동료 혹은 교정관계자들이 당시 감옥에서 불려진 노래를 희미한 기억 너머로 살려내어 전달한 바 있다. 그 중 몇 가지를 소개해보자.

대구 감옥 내 훈계(敎悔)장면
(『조선의 행형제도』)

〈수인의 노래〉

해는 지고 바람은 찬데
몰려오는 눈조차
아리고 매웁도다

정숙한 이 내 몸에
포박이 웬일인가

무죄인 이 내 몸에
악형이 웬일인가

귀히 일다 이 내 몸에
철창살이 웬일인가

북한산 머리에 눈이 쌓이고
반야 중천에 달은 밝은데

청춘의 끓는 피 참기 어려워
느껴 울음에 목 맺히도다

《동아일보》 1920. 4. 28.）

　이 노래는 앞에 소개한 이아주가 "옥중에서 지은 글"이 이후 노래가 된 것으로 보이는데, 이후 교정관계자들이 구전으로 전해 들은 내용을 소개하여 (여성)'수인의 노래'로 소개하였다. "정숙한 이 내몸"이 "가냘픈"으로 바뀌는 등 약간의 차이는 있으나, 수감생활을 시작한 뒤 "포박"과 "철창살이"라는 현실을 앞에 두고 '무죄인 자신'이 느끼는 '원통'함을 토로하는 내용이다. 이같은 심정은 다음 노래와도 이어진다.

〈전중이 일곱이〉

전중이 일곱이 진흙색 일복(日服) 입고
두 무릎꿇고 앉아 주님께 기도할 때
접시 두 개 콩밥덩이 창문 열고 던져줄 때
피눈물로 기도했네. 피눈물로 기도했네.

대한이 살았다 대한이 살았다
산천이 동하고 바다가 끓는다
에헤이 데헤이 에헤이 데헤이
대한이 살았다 대한이 살았다

이 노래는 3·1운동 당시 서대문감옥의 여감 8호 감방(사진1 참조)의 여성들
(유관순, 임명애, 권애라, 심명철, 어윤희, 신관빈, 김향화) 중 심명철(沈明哲,
1896~1983)이 아들 문수일에게 구술하여 최근에 다시 살아난 창가이다(이른
바 "8호 감방의 노래"). 8호 감방은 유관순의 감방으로 알려져 있으나, 유관순
만이 아니라 개성의 만세운동을 주도한 권애라, 어윤희 신관빈, 심명철과 수
원의 기생조합시위를 주도한 김향화, 파주의 시위를 주도하여 구속된 구세군
전도부인 임명애 등이 함께 있었다. 전중이란 당시 수감자를 속되게 이르는
말이었는데, 그녀들이 옥살이의 고통을 노래로 달래고자 부르다가, 간수들에
게 제지당하곤 하였다는 것이다.

개성에서의 만세 시위로 징역 6월을 선고받고 8호 감방에 수감되었던 권애
라(權愛羅, 1897~1973)는 출옥 후 웅변회 및 강연회 등에 자주 등장하며 활
발히 활동하였는데, 그녀를 통해 한 노래가 사회에 소개되었다. 당시 신문기
사에서는 그녀가 참석한 강연회가 경찰에 의해 중지되자, 노래를 불러 이목을
집중시켰다고 한다. 그 노래는 기존의 '개성난봉가'를 개사한 것인데 그 가사
는 대체로 다음과 같은 내용으로 추정된다.

빨가벗기고 붉은 옷 입힐 때는 피눈물 뿌렸지만
한 접시 누른 콩밥 눈앞에 뜨일 때는 철없이 기뻤다

이 노래는 앞서 제시한 노래 '전중이 일곱이'와 내용 면에서 매우 흡사하지만, 울분이나 눈물에서 한발 나아가 살아남고자 하는 의지를 보여준다. 권애라는 당초에 이 노래의 원본인 개성난봉가를 같은 감방에 기거하던 기생 김향화로부터 배웠다. 이 노래를 개사하여 대중 앞에 힘차게 불렀을 때, 당시 청중 가운데는 "최고학부인 이화학당을 나와 호수돈여고에서 교사 노릇을 했고", "품격높은 독립투쟁을 하여 감옥에까지 갔던 권양"이 '천민'의 노래 난봉가를 부른 것을 "용서못할 일"이라며 조롱하는 이들도 있었다. '품격높은' 독립투쟁과 '천민'의 노래를 대립시켜 웃음거리로 만드는 이들에 대하여 권애라는 "형사가 말을 하지 말라고 하여 조선사람이 조선말로 노래를 부르는 데 따라 부르지는 못할망정 왜 훼방이냐"며 응수하였다. 신분에 구애받지 않고 교류하던 경험에서 나온 노래로 인해 그녀는 '권난봉'이라는 별명까지 얻고 말았으나, 이후에도 활발하게 활동하며 운동가의 삶을 지속하였다. 그 결과 1943년에 아들과 함께 만주에서 연행되어 조선독립군의 조직결사 및 항일지하운동조직 사건으로 기소되어 징역 12년형을 선고받고 장춘(長春)감옥에서 해방을 맞이한 바 있다.

하루 일과와 연대

징역을 선고받은 경우 하루 일과의 대부분을 차지하는 것은 공장 혹은 작업장에서의 소위 '작업'이다. 특별히 분리시켜야 할 소수 사상범을 제외하고 대부분의 수형자들은 아침 기상 후 세수와 식사 이후 곧바로 공장(작업장)에서 노역에 동원되어 저녁에 다시 감방으로 돌아오는 것이 일과이다. 한 겨울(11, 1월)에는 7시에 일어나 8시부터 16시까지 일하고 19시에는 잠자리에 들어야 하는 기형적 일과이지만, 6, 7월에는 5시에 기상하여 6시부터 18시까지 작업을 하고, 그밖의 계절에는 대체로 6 ~7시에 일어나 17~18시까지 11시간 이상의 시간을 공장에서 보냈다. 게다가 여성들은 머리에 쪽을 지는 시간을 감안하여 30분 먼저 일어나게 하여, 새벽 5시 기상이 4시 30으로 앞당겨지기도 하였다. 이들이 할당받는 작업은 대부분 세탁이나 바느질이었던 것으로 보인다.

> 새벽 철창이 채 밝기도 전에 울리는 기상 종소래에 모든 죄수들은 몸서리를 칩니다. 일어나면 이불 우에 이슬이 하얗케 덥혔고 넑장(그 중의 넉장쯤- 인용자)은 물에 잠긴 듯이 저저 있습니다. 그 속에서 잠자는 죄수들 또다시 샛발간(벌거벗은 - 인용자) 몸둥이로 공장에 뒤에 나아갑니다. (중략) 그리고 어름쟝 갓흔 의복을 주어 입고는 한 덩어리에 콩조밥을 숨차게 먹고는 일을 합니다
>
> (윤영옥(尹瑛玉), 「나의 옥창1년, 1년 전에 지내든 이야기의 가지가지」, 『삼천리』 1931. 11).

황애덕은 하루 13시간에 걸쳐 무릎꿇고 바느질을 했던 일로 석방 이후로도 다리에 통증을 느끼게 되었다고 회고하였다. 해가 긴 여름일수록 작업 시간이 길었는데, "전깃불이 들어올 때"쯤에야 감방으로 들어올 수 있었지만, "밤 9시까지는 단정하게 무릎을 꿇고 잠자라는 종소리를 안타깝게 기다리며 앉아 있

바느질작업
(춘천여감 사진)
(『조선의 행형제도』)

어야만 했다"(윤영옥). 그런데 당시 여성들은 이 바느질 작업에서 수형자간에 서로 도울 방도를 찾아내었다. 한 겨울에도 난방을 하지 않아 혹독한 추위 속에서 생활하는 동료 수형자들을 위하여 규칙을 어기는 형태로 바느질 작업을 한 것이다.

> 남자 죄수의 의복이나 여자 죄수의 의복은 전부 여감에서 세탁합니다. 그리고 겨울 솜옷도 여자가 노아서 하는데 (중략) 솜을 놓는(넣는 -인용자) 것도 일정한 근수가 있습니다. 그래서 항상 솜을 근수에 다를 때엔 제가 넛습니다. 간수 모르게 3,4장식 해서 더 넛치요. 혹 간수가 들어보고 무거우면 또 다시 뜨더 노흐면 또다시 집어 넛고 하지요. 모든 죄수가 약속하고 하는 것이닛간 2인의 간수가 아무리 똑똑하다 할지라도 속는 때가 만히 잇서요. 의복은 속히 남감(男監)으로 가져가야 하겟스닛간 그냥 그대로 가져가게 됩니다. 다비(버선의 일종) 갓튼 것도 판나지 안는(구멍이 나지 않는 것이라도-인용자) 일부러 가위로 버허(베어) 가지고 두세 겹 풀식 붓처 보냄니다. 그러다가 들키는 때에는 징벌을 당하지요. 한 때에 주는 밥덩이를 세 때로 난누어서 줍니다. 그러나 갓흔 죄수인 것 만큼 동정심은 언제나 떠나지 안어 그러한 벌측을 계속하였습니다.
>
> (윤영옥, 위의 글).

감옥 생활 중 가장 큰 고통 중의 하나는 배고픔이었다. 수감자들은 "끊어질 듯이 고픈 배를 쥐고" 힘들었던 경험을 토로한 바 있다. 이러한 상황에서 한끼의 밥덩이를 세 번에 걸쳐 나누어 먹도록 하는 징벌에도 불구하고 좀더 두꺼운 솜옷과 버선을 만들기 위해 '범칙 행위'를 한 것이다.

이밖에도 항일여성운동가들은 감방 속에서 다른 계층의 다양한 여성들과 조우하였다. 이들은 처음에 서로를 이해하지 못하고 갈등을 빚기도 하였다. 특히 유복한 환경 속에서 근대교육을 받았던 황애덕의 경우, 첫 수감 1주일 동안 말 한 마디 하지 않고 울기만 하였으며, 절도 행위로 수감된 여성들과 함께 지내던 때를 "제일 고약"했다고 회고하였다. 그녀가 누워있을 때면 "더럽고 마음씨가 나쁜" 그녀들이 "(발로) 쿡쿡 차고", 눈을 감고 있을 때 "코를 비비고 침을 꽉꽉 뱉"기도 했다는 것이다. 그러나 시간이 지나면서 활동가 여성들이 이들에게 글이나 성경을 몰래 가르치거나 여타 범죄로 먼저 들어와 있던 여성들이 소통을 도와 주면서 차츰 서로 마음을 여는 계기를 만들었다.

3·1운동에 참가했다가 검거된 여성들 중 46%는 학생, 교사, 전도 부인으로 근대교육 수혜자의 비율이 높았으므로, 자연스럽게 글을 가르치는 일도 가능하였다. 황애덕은 결국 못 배우고 더러운, 자신의 옆에 있는 여성들을 보면서 자신의 그동안의 활동이 일반 여성대중과는 거리가 먼 소수 지식인 운동이라는 것을 자각하게 되었다고 한다(윤정란, 2009). 틈틈이 글을 배운 여성들이 "아침에 세숫 대야의 물을 손가락에 찍어서 널빤지에 쓰는 연습"하는 것을 본 윤영옥은 더욱 의욕을 갖고 공장에서 연필알을 몰래 들여와 마룻바닥에 쓰기 연습을 시키다가 간수에게 들켜 "이마가 벗겨지도록 머리를 땅에 대고 용서를 빌었"던 일화를 소개한 바 있다.

통방(通房-감옥에서 수감자끼지 암호 등으로 서로 소통하는 일)이나 의사소통에서도 경험자들로부터 도움을 받았다. 청소일을 하던 무기수는 수감자들이 뾰족한 도구로 휴지를 찔러 적은 밀서를 간수의 눈을 숨겨가며 민첩하게 전달해주거나, 구두로 소식을 전달해주었다(황애덕, 「대구여감의 0141호」). 먼저 들어와 생활하던 여성들이 통방을 돕는 일도 적지 않았다. 문인들의 조직사건인 1934년 신건설사 사건으로 전주감옥에 투옥된 소설가 최정희(崔貞熙, 1912~1990)는 통방이 시작되던 상황을 다음과 같이 묘사하였다.[3]

> 어디 멀리서 바람 소리와도 같은, 혹은 물결소리와도 같은 소리가 들렸다.
> 나는 아득히 먼 곳에서 들려오는 소리가 무엇이라고 하는지 분간을 못 하

---

3) 이후 최정희는 무죄로 방면되었고, 이후 노골적인 친일의 길을 걸었다.

였다. (중략) "어디서 왔느냐는데유. 저이도 나라일 때문에 들어온 학생이
레유". (중략) 나이먹은 여자가 또 대변하였다. "여기두 학생이여. 나라일
때문에 들어온 상싶구만"

(최정희, 「여감방과 애절의 창」, 『삼천리』, 1948. 8. 『검은 역사의 증인들』, 정음사, 1977).

　한편 일부 여성들의 경우 수감 중의 출산과 양육의 문제가 발생하였다. 〈표
1〉의 비고에서 제시된 바와 같이 당시 재소자 통계에는 '동반 유아'가 별도로
집계되었는데, 「조선감옥령시행규칙」 제12조에 근거하여 여성들이 복역 중
출산하여 이를 인수할 보호자가 마땅치 않은 경우 한 살이 되기 전까지 데리
고 있을 수 있던 아기들을 말한다. 1937년에는 전국적으로 19명의 아기들이
여감에서 생활하였음을 알 수 있다. 대체로 출산은 밖에서 하고 다시 데리고
돌아오는 형식을 취하였다. 앞에서 제시한 8호 감방의 임명애도 복역한 지 한
달 만에 출소하여 아이를 안고 복귀하는 일이 있었다. 갓난 아이를 기르기에
열악한 환경에서 8호 감방의 여성들은 자신들의 음식을 덜어 산모와 신생아를
챙기는 등 함께 돌보았다. 여성으로서의 정체성과 연대감을 체험하는 장소가
된 것이다.

　동덕여고보를 나와 노동운동과 공산당재건운동에 참여하던 박진홍(朴鎭洪,
1914~?)의 경우도 1935년 용산 적색노동조합
사건에 연루되어 체포된 이후 출산하였다. 서대
문감옥에서 수감 중 출산하여 길러 온 아들은 당
대의 유명한 공산주의자 이재유(李載裕)의 아들
이었다. 그로 인하여 박진홍과 그의 아들은 신문
지상에서 자극적인 제목으로 다루어졌다. 징역
1년 6월을 선고받고 복역 중이던 박진홍의 '법
정에서 들리는 아들의 울음소리'와 이를 듣는 어
미 박진홍의 '비애의 눈물'을 기사화하였으며,

박진홍과 아이에 대한 신문기사
《동아일보》 1936. 7. 16)

결국 2년 만에 사망한 아들 철안의 소식에 "철창 생활만 하다가 세상 떠난 가엾은 아이", "불운에 나서 불운에 숨끊어진 어린 철안"등으로 표현하였다(『매일신보』 1936.7.17., 9.6일자).

박진홍은 일제강점기 "가장 뛰어난 여성노동활동가"(김경일, 2007)로 평가되는 인물이었고, 활동가들을 이재유에게 연결시켜 줬음에도 불구하고 운동의 주체라기 보다는 '이재유에게 이용된 불쌍한 여성'으로 대상화되었다. 그러나 1937년에 출옥한 그녀는 다시 조직운동을 개시하여 이후로도 2번을 다시 복역하다가 1944년에야 겨우 출옥할 수 있었다. 치안유지법 4범이었다.

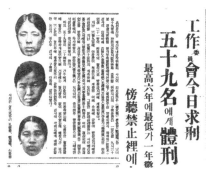

공작위원회 구형 공판에 들어가는 여성피고인들과 정종명의 사진(중간 위치.《동아일보》1934. 6. 2.)

1931년 조선좌익노동조합전국평의회 조직준비회 사건으로 검거된 정종명(鄭鍾鳴, 1895~?)은 간호부 출신이자 산파로 활동하면서 활발한 강연과 조직 운동을 벌이던 중이었다. 징역 3년을 선고받은 정종명은 옥중에서도 "자라나는 조선의 제2세를 향하여 옥중에서 네 번이나 해산바라지"를 하였다고 알려져 있다(《조선중앙일보》, 1935. 7. 27.). 정종명이 관계된 사건은 결국 조선공산당 재건을 위한 공작위원회사건으로 커졌고, 대대적인 조사가 이루어지는 가운데 그녀를 비롯한 많은 활동가들이 타격을 받은 바 있다. 정종명은 박진홍과 마찬가지로 스스로 자신의 수감 경험을 회고한 바는 없으나, 수감자를 살뜰히 보살핀 대표적인 인물로 꼽힌다. 그 이유를 다음에서 이어가보자.

04 감옥 안과 밖의 여성들

　여기서 잠시 감옥 밖의 여성들을 언급하기로 한다. 감옥 밖의 여성들이라 하면 흔히 옥바라지하는 여성을 떠올릴 수 있다. 일본의 감옥제도는 소위 자변(自辨; 자부담), 즉 수감자 스스로 필요한 것을 보충하던 기존의 관습을 식민지에 한하여 허용하였다. 이는 수감자의 의복과 음식 비용 등을 그 가족에게 부담하게 하여 재정 지출을 줄이려는 의도와 연관되어 있다. 이로 인해 활동가의 아내들은 추운 겨울을 대비한 솜옷에서부터 내복, 버선, 사식비, 서적비 등을 마련하기 위해 동분서주하였던 것이다. 일례로 상해에서 독립운동을 한 김예진(金禮鎭, 1896~1950)의 아내 한도신(韓道信, 1895~1986)은 평양감옥에 수감된 남편의 옥바라지를 위해 평양고무공장에서 12시간의 고된 노동을 하였으나, "큰 아이를 소학교에 보내고 먹고 살고 감옥에 차입을 넣고 나면 항상 적자였다"고 기록하였다.

　그런데 사회운동이 성숙해지고 경험이 축적되면서 개인적인 차원에서 물건을 대는 옥바라지 와는 달리 공판정 안팎이나 수감된 감옥 근처에서 격려를 하거나, 필요한 비용을 모금하는 등의 일이 조직적인 차원에서 이루어지기 시작하였다. 이는 1920년대 후반 이후 사회주의 운동의 활성화와도 깊은 관련을 맺고 있다. 그리고 조선에서 이 방면에 가장 많은 공헌을 한 이가 바로 "모든 사회운동자의 보모"이자 "활(活)의 인(人)"으로 알려진 정종명이다.

그녀는 지방에서 검거된 독립운동가들이 징역을 살기 위해 경성에 도착하면 마중나와 격려하고, 타인의 시선에 상관없이 재판장에 방청객으로 나서서 격려하였다. 서대문감옥에서 수감생활을 하면서 면회조차 허락되지 않는 인물들을 창밖에서 몇 시간이고 지켜보고 노래를 부르며 위로한 일화로도 유명하다. 그는 이 자리에 때로는 아들 박홍제(朴弘濟)를, 때로는 동료 조원숙(趙元淑)을 데려와 함께 하였다. 제2차 조선공산당 사건으로 서대문감옥에서 수감생활을 하던 김경재(金璟載, 1899~?)는 어느 날 창밖에서 들려오던 노래 소리에 대해 다음과 같이 기록한 바 있다.

> 사흘채 되는 날 저녁에도 역시 담장밧그로 아름다운 목소리가 은은히 들니기에 내다보니 이번에는 그 여자 혼자가 와서 꼿대신에 수건을 너울너울 저스며 여전히 아릿다운 목소리로 노래를 들려주고 잇섯다. (중략) 그때 분홍저고리에 힌치마를 입은 그 녀자, 나는 그 얼골을 분명히 볼 수 잇섯다, 그는 지금 감옥에 가 잇는 鄭鍾鳴!
> 그 뒤에 알고 보니 그때 갓치 와서 노래부르든 여성이 趙元淑씨라고 하더라. 그 두 사람은 우리들XX사건 관계자들이 모다 X翼 압박골을 향하여 잇는 房에 가치어 잇다는 말을 듯고 삼춘가절이 되고 하니 위로하려 와 주엇든 것이다. (중략) 나는 이 사흘동안의 일이 영원히 이처지지를 안는다.
>
> 보내주는 반가운 마음(김경재, 「옥중생활 로맨스」, 『삼천리』 4-10, 1932).

이밖에 정종명은 운동가들의 마지막 가는 길도 보살폈다. 일본 유학생으로 국내 강연회 도중 사망한 정우영(鄭又影)의 사망 1주기에 여성으로 유일하게 참여하였고, 형무소 내 재감 중 건강문제가 심각했던 사회주의자 김약수(金若水)를 치료받을 수 있도록 중간 역할도 하였다. 일면식도 없던 러시아 국적의 사회주의 운동가인 채(蔡) 그레고리를 보살핀 일화도 알려져 있다. 그가 서대문형무소에 도착했을 때 목례로 첫 인사를 나눈 후 여러차례 면회하며 위로하였고, 결핵 말기로 입원했을 때도 수차례 병문안하며 지켜보았다. 국내에 친

인척이 없는 그가 임종을 맞이하자 장례까지 뒷바라지하였다.

위 인용문에서 김경재가 회고한 시점은 정종명이 당시 조선좌익노동조합전국협의회 조직준비회의 중앙상무위원으로 부인부 책임을 맡는 동시에 조선적색구원회(모플M.O.P.R.)의 서울 지역 책임자였던 시기이다.[4] 그저 개인적인 활동이 아니라, 조직 활동의 일환으로 다양한 구원 활동이 이루어졌음을 알 수 있다. 그런데 이와 같이 여성들이 중심이 된 지원 활동은 단지 사회주의운동 진영에서뿐만 아니라, 1930년대 이후 민족주의 진영에서도 부분적으로 있었던 것으로 추정된다. 다만 자료 및 연구 부족으로 진전되지 못하고 있으나, 여성들의 적극적인 또 하나의 활동 영역으로 주목해 볼 필요가 있다.

3·1운동 당시 여학생들이 폭력과 폭언이 난무하는 경찰서에서 울고 있을 때, 그들을 서대문형무소로 이송하던 조선인 운전사는 "용기를 잃지 말고 건강을 잘 지켜라, 너희들은 아직 유죄판결을 받은 것이 아니다. 지금은 그저 너희들의 사기를 꺾어 놓으려는 것일 뿐"이라며 격려하였다. 그러나 단순가담자로 분류되어 석방되었던 여학생들에게 이 단 몇 일간의 수감경험은 엄청난 충격으로 남았을 것이다. 이들 중 일부는 같은 경험을 다시 되풀이하지 않으려 숨을 죽였을 수도 있고, 일부는 이 일을 계기로 하여 활동가의 길로 한발 더 나아가기도 하였다.

재판을 받고 수형자가 되었던 활동가들 또한 크게 다르지 않을 것이다. 그녀들이 경험한 감옥은 기존의 사회 속 모든 생활을 박탈하고 높은 담벽 안으로 차단시켜 감내하기 어려운 추위와 더위, 굶주림과 불결을 경험하게 하는 곳이었다. 지극히 엄한 규율 하에 복종 만을 강요당하면서 정해진 시간(時限表)에 맞추어 생활하는 상황 속에서 수감자들, 특히 항일운동가들은 신체적으

---

4) 조선적색구원회(모플)이란 코민테른의 지도 하에 설립된 국제적색구원회(MOPR)의 조선지회 격인 단체이다. 1930년 이전에도 일본을 비롯한 해외에서는 해방운동희생자구원회 등과 같은 형식으로 체포, 구금된 운동가와 그의 가족을 돕는 활동이 있어 왔는데, 조선의 활동가들도 이와 같은 일을 활성화시키고자 하였다.

로 무너지고 정신적인 고립 속에서 황폐해져 갔음에 틀림없다. 따라서 석방 이후에 생활은 다양하게 갈렸다. "조용히 살고 싶다"며 당분간 침잠하는 경우(정종명)가 있는가하면, 정반대로 친일파의 길로 나서기도 하였으며(최정희), 누군가는 사회운동 속으로 다시 뛰어들어 더 많이 발언하고 활동하다가 다시 수감생활을 맞이하는 경우도 있었다(권애라, 박진홍 등). 이들 각자의 삶에서 수감경험은 두 번 다시 겪고 싶지 않은 고통과 모멸감으로 얼룩진 것이었지만, 한편으로는 자신이 걸어 온 삶의 방향을 돌아보고 새로운 시도를 하는 계기가 되기도 하였다.

이 글에서 참고로 한 회고록은 제3자의 시선이 아닌 여성 당사자들의 생각과 감정을 보여주는 자료로서 의미를 가지고 있으나, 글이나 말로 남긴 자보다 침묵으로 남은 자가 훨씬 많다는 점에서 그들의 생각을 온전히 확인하기에는 역부족이 아닐 수 없다. 다만 그들이 어떤 상황이나 처우 과정에서 특별히 더 고통을 느끼고, 오랫동안 기억에 남았던 말 한마디 한마디가 무엇이었는지를 통하여 그들을 둘러싼 환경을 더 구체적으로 이해할 수 있다. 아울러 엄벌을 받는 상황 속에서도 서로 다른 신분과 처지의 여성들이 상호 이해를 넓혀나가며 서로를 돕고 여성이자 운동가로서 다양한 정체성을 확인하던 계기에 대해서도 부분적이나마 엿볼 수 있었다. 기록을 남긴 자들 또한 그들의 표현 가운데 애써 '망각'하여 말하지 않거나 덧칠하려던 부분이 적지 않을 것이다. 부분적으로는 당시의 사회적 맥락이나 감옥 내 생활 조건을 감안하여 이 글에 담았다. 부족하나마 당시 항일여성운동가들의 감옥 안과 밖의 생활 조건을 보다 풍부하게 기억하는 작은 시작점이 되었으면 한다.

참고문헌

『매일신보』, 『조선신문』, 『동아일보』

조선총독부, 『조선총독부 통계연감』 각년판.

조선총독부 법무국 행형과, 『조선의 행형제도』, 1937.

서대문형무소, 『형무요람』, 1943.

「풀려난 소녀 죄수의 이야기」 1-6, 『재한선교사보고문건』, 한국독립운동사 정보시스템 007630-02-0063~0068.

김경재, 「옥중생활 로맨스」, 『삼천리』 4권 10호, 1932.10.

李亞洲, 「北岳山 머리에 눈이 쌓일 때」, 『죽음의 집의 기록』, 한샘출판사, 1977.

이효덕, 「교장이 앞장 서서 만세!」, 『독방』, 한샘출판사, 1977.

임원근, 「옥중기2」, 『삼천리』 9, 1930. 10.

草士, 「現代女流思想家들(3), 붉은 戀愛의 主人公들」, 『삼천리』 17, 1931.7.

황애덕, 「대구여감의 0141호」, 『동광』 27, 1931.10.

권광욱, 『권애라와 김시현』, 해돋이, 2012.

김경일, 『이재유 - 나의 시대 나의 혁명』, 푸른 역사, 2007.

김정인 외, 『3·1운동에 앞장 선 여성들』, 독립기념관 한국독립운동사연구소, 2019.

김판임, 「여성독립운동가 권애라 열사의 생애와 애국활동에 관한 소고」, 『신학연구』 75, 2019.

박경목, 「일제강점기 서대문형무소 여수감자 현황과 특징」, 『한국근현대사연구』 68, 2014. 봄

박경목, 『식민지 근대감옥 서대문형무소』, 일빛, 2019.

박용옥, 「한국여성의 항일민족운동추진과 그 특성」, 『아시아문화』 12, 1996.6.

소현숙, 「3·1운동과 정치 주체로서의 '여성'」, 『한국학논총』 51, 2019.

윤정란, 「황애덕과 대한민국애국부인회」, 『숭실사학』 22, 2009.

이꽃메, 「일제강점기 산파 정종명의 삶과 대중운동」, 『의사학』 21권 3호, 2012.12.

이방원, 「세브란스 간호사의 독립운동」, 『연세의사학』 제22권 제1호, 2019.6.

이상경, 「상해판 『독립신문』의 여성관련 서사연구」, 『페미니즘연구』 10권 2호, 2010.

이임하, 『조선의 페미니스트』, 철수와 영희, 2019.

丁堯燮, 「3·1運動과 女性」, 『3·1운동 50주년 기념논집』, 동아일보사, 1969.

한도신 기록, 김동수 오연호 정리, 『꿈갓흔 옛날 피압흔 니야기』, 민족문제연구소, 2016.

여성사로
읽는
항일독립운동

VI

일제강점기 대한민국임시정부에서
활동한 부부 독립운동가

강 영 심

01 여성독립운동가의 역할 새롭게 보기

    2020년 11월 현재 독립유공자 16,282명 중 여성은 488명으로 전체의 2.99%에 불과하다. 실제 독립운동에 참여했던 여성독립운동가의 활동이나 기여에 비해 턱없이 낮은 수치다. 여성이 남성에 비해 독립운동에 참여한 정도나 규모가 작은데서 원인을 찾기 보다는 기존의 독립운동에 대한 해석이 남성중심적이었던 데 기인한 것이라 할 수 있다. 이런 편향된 역사해석을 극복하기 위한 급선무는 무엇보다도 독립운동에 대한 새로운 시각을 정립하는 것이다. 독립운동이란 특수한 상황에서 과연 여성의 활동과 역할을 어떻게 해석하고 평가해야 하는가란 문제를 재검토해야 할 필요가 있다. 남성들처럼 실제 최전선에서 독립군이나 독립운동단체의 일원으로 활동하는 것 역시 중요한 임무에 속한다. 물론 여성들도 이런 부분에서 남성들과 동반 투쟁하며 조국광복을 위해 앞장선 사례도 적지 않다. 사실 여성들이 독립운동의 현장에서 남성들과 동일한 무게를 분담했다면 더욱 바람직하겠지만, 누구나 아는 바와 같이 여성에게는 남성들과 달리 여성고유한 영역의 역할이 주어진다는 점을 간과해서는 안된다. 그런데 이 영역의 일들을 다만 여성에게 주어진 이른바 '사적 영역'의 역할로 파악하여 개인의 몫이라고 도외시한다면 독립운동의 진면목을 알 수 없게 된다.

    독립운동이란 역사적 공간에서 헌신했던 여성들의 활동 중 '사적 영역'으로 분류되었던 일들이 실제로는 독립운동의 일부임을 인정하고, 더하여 이것이 여성들의 독립운동 범위에 포함된다는 점에 주목해야 한다. 여성들의 이러한 활동이 독립운동의 기반이 되었음을 입증하는 작업은 오늘의 여성 문제 해결의 열쇠가 될 것으로 생각된다.

여성들이 사적 영역에서 민족의 일원인 개별가족의 구성원을 양육, 교육함으로써 독립운동에 대한 직접적 후원은 물론 독립운동예비군양성이란 막중한 역할을 담당한 것이다.

이러한 관점에서 보면, 기존의 독립운동 연구나 평가는 공적인 영역이 주류였다고 해도 과언이 아니다. 사실 독립운동가들도 사랑하고 결혼하여 일상의 가정을 이루었지만, 이를 사적 영역으로 등한시한 탓에 연구의 대상으로 주목하지 않았다. 그렇지만 남성 독립운동가들이 이루어놓은 가정에서 가장의 역할을 담당한 이는 바로 여성들이었다. 독립운동가를 남편이나 가족으로 둔 가정에서 자녀양육과 교육, 나아가 그들의 공동체 유지와 운영은 대부분 여성들이 담당했다. 또한 남성들과 달리 여성독립운동가의 경우 공·사적인 영역에서의 역할을 완수해야 하는 중첩된 임무를 안고 있었다. 이 글에서는 이러한 여성들의 중층적인 역할에 주목하여 여성독립운동의 실상을 실증적 자료추적 및 수집과 조사 분석을 통해 여성독립운동가의 역할에 대한 새로운 관점을 제시하고자 한다. 이러한 시도는 여성독립운동의 정의나 범주설정에도 유익할 것이다.

독립운동가 가정을 이끈 여성들은 엄혹한 일제강점기 하의 감시와 핍박 속에서 가족구성원의 사회적 경제적 곤경을 극복하고 이들을 지키고, 교육시켜 독립운동을 이어가는 원동력을 제공하였다. 이들의 드러나지 않은 희생으로 독립운동가들의 쉼 없는 항일투쟁과 조국광복의 결과를 이루어 낸 것이 아니겠는가

예컨대 항일여성독립운동가들의 활동 중 남편이나 아버지를 돕는 내조자 여성 뿐만 아니라 그 내조활동이 실제 독립운동에 미치는 영향, 또는 역할 수행

의 비중, 중요성 등도 평가의 대상으로 넣어야 한다는 입장이다.

이런 측면에서 항일여성운동과 인물에 대한 새로운 접근이 필요하다. 물론 이런 과제는 사료부족 등의 어려움이 있지만, 최우선되어야 하는 항일여성운동사의 중요한 연구 주제이며 방법이다. 난제를 해결하는 첫걸음으로 독립운동가 남편과 동반자로 독립운동전선에 나선 여성들의 행적과 투쟁사를 재조명해 보고자 한다.

독립운동전선의 여성들 역시 사적 영역 즉 가족을 부양해야 하는 일상적인 '여성의 역할'을 감당해야한다. 여성들이 결혼이후 남편 뒷바라지와 가족의 생계 담당, 자녀양육에 대한 과중한 '책임'도 감당해야 하는 측면을 고려해야 하며, 이를 어떻게 해석해서 독립운동과 연계해서 파악해야 하는 점에 대한 고민이 필요하다.

역사상 큰 족적을 남긴 남성독립운동가의 삶과 활약을 빛낸 여성들의 도움이 있음에 주목해야 한다. 도움을 준 여성 중에서 특히 결혼으로 동반자가 되어 함께 독립운동에 투신했던 부인에 초점을 두어 부부 독립운동가의 생애와 독립운동을 살펴보고자 한다. 부부가 어떻게 독립운동을 전개했는지, 공적인 영역의 활동과 사적인 영역의 행적은 어떠했는지, 서로에게 끼친 영향은 어떤지 등을 밝혀보고자 한다. 이를 통해 여성들이 독립운동전선에서 실제 경험한 상황과 마주해 보면서, 그들이 자신에게 주어진 역할을 수행하는 과정에서 어떠한 희생과 대가가 있었는지도 짚어 볼 수 있을 것이다.

02 임시정부에서 활동한 부부독립운동가

독립운동에서 부부가 함께 헌신한 경우는 우리가 알고 있는 것보다 더 광범위한 지역과 운동계열에서 찾을 수 있다. 현재 서훈받은 부부는 60쌍 120명 가량이며 서훈받지 못한 경우를 모두 합하면 대략 80쌍 160명에 가깝다. 그 활동지역도 국내는 물론 중국본토, 만주, 러시아, 일본, 미주 등 한국독립운동이 전개되었던 모든 곳이 포함된다. 활동분야도 임시정부, 국내항일, 중국방면, 광복군, 일본방면, 미주방면, 3.1운동 만주방면, 독립운동지원 등 다양하다. 현재까지 국가에서 서훈받은 부부독립운동가 중 확인된 59쌍을 정리하여 부록 자료8에 제시하였다.

본고에서는 그 중 대한민국임시정부에서 활동했거나 관련이 있는 독립운동가 부부를 중심으로 살펴보려 한다.

임시정부에서 활동했던 부부 독립운동가는 표1과 같이 16쌍 32명(33명)이며[1] 그 외 임정의 군대인 광복군에서 활동한 부부가 7쌍 14명이다.(표2 참조) 표1 중 몇몇 부부의 경우 남편은 임정의 여러 직책을 담당하며 직접적으로 활동하였지만, 부인은 아무 직책이나 직접적인 활동은 없다고 할 수 있다. 그러나 부인들이 남편의 임정활동을 적극 내조하기 위한 운동지원 및 임정지원 단체활동 등을 넓은 의미의 임시정부 활동으로 해석하였다.

---

1) 조소앙의 경우 부인 최형록과 오영선 모두 서훈을 받았다.(보훈처 공훈전자사료관 참조)

(표1) 임시정부에서 활동한 부부독립운동가 [2]

부인명	생몰연도	출신	훈격, 연도	남편명	생몰연도	출신	훈격 연도
김순애	1889-1976	장연	독립장 1977	김규식	1881-1950	서울	대한민국장 1989
김원경	1898-1981	서울	대통령표창 1963	최창식	1892-1957	서울	독립장 1983
김효숙	1915-2003	용강	애국장 1990	송면수	1910-1950	회양	애국장 1992
노영재	1895-1991	용강	애국장 1990	김붕준	1888-미상	용강	대통령장 1989
두군혜	1904-1981	중국	애족장 2016	김성숙	1898-1969	철산	독립장 1982
신정완	1916-2001	나주	애국장 1990	김재호	1914-1976	나주	애국장 1990
신창희	1906-1990	청원	건국포장 2018	민필호	1901-1963	서울	독립장 1963
안혜순	1903-2006	의주	건국포장 2019	문일민	1894-1968	강서	독립장 1962
연미당	1908-1981	여주	애국장 1990	엄항섭	1898-1962	여주	독립장 1989
오건해	1894-1963	충북	애족장 2017	신건식	1889-1963	청원	독립장 1977
이국영	1921-1956	청주	애족장 1990	민영구	1909-미상	서울	독립장 1963
이숙진	1900-미상	중국	애족장 2017	조성환	1875-1948	서울	대통령장 1962
정정화	1900-1991	충남	애족장 1990	김의한	1900-미상	서울	독립장 1990
최선화	1911-2003	인천	애국장 1991	양우조	1897-1964	강서	독립장 1963
최형록	1895-1968	평양	애족장 1996	조소앙	1887-1958	양주	대한민국장 1989
오영선	1887-1961	양주	애족장 2016	조소앙	1887-1958	양주	대한민국장 1989
최혜순	1900-1976	광주	애족장 2010	김 철	1886-1934	함평	독립장 1962

(표2) 임시정부 광복군에서 활동한 부부독립운동가

부인명	생몰년도	출신	훈격 연도	남편명	생몰년도	출신	훈격 연도
김마리아	1903-	서울	애국장 1990	이범석	1900-1972	서울	대통령장 1963
민영주	1923- 생존	중국	애국장 1990	김준엽	1920-2011	강계	애국장 1990
신순호	1922-2009	청원	애국장 1990	박영준	1915-2000	파주	독립장 1977
오광심	1910-1976	선천	독립장 1977	김학규	1900-1967	평원	독립장 1962
오희영	1924-1969	용인	애족장 1990	신송식	1914-1973	안주	독립장 1963
조순옥	1923-1973	연천	애국장 1990	안춘생	1912-2011	황해	독립장 1963
전월선	1923-2009	상주	애족장 1990	김근수	1912-1992	진양	애족장 1990

---

2) 표1과 표2는 보훈처 공훈전자사료관의 자료에 근거하여 작성하였다. 인물들의 개략적인 활동은 부록 자료8 참조

이처럼 임정에서 활동한 부부 독립운동가의 남편들은 임정 설립 이후 1945년 광복 때까지 임정의 중심인물로 활약한 인물들이다. 이에 반해 부인들은 임정 초기인 1920년대는 주로 임정의 외곽단체에서, 1930년대 말경부터 본격적으로 임정 내부로 영역이 확대되며 활동하게 되었다. 특히 1940년대에는 여성들의 참여도가 높아졌고, 광복군 창설 이후 여성들도 광복군에 입대해 군대로까지 활동반경을 확장시켰다.

우선 1919년 초 3.1운동 전후 상해지역에서 활동했던 여성으로 김순애(金淳愛)와 김원경(金元慶)을 들 수 있다. 김순애는 독립운동가 김마리아의 고모다. 정신여학교를 졸업하고 1912년 중국으로 망명하여 오빠 김필순의 활동을 돕다가 1919년 1월 김규식과 결혼하였다. 뒤이어 김규식과 함께 신한청년당(新韓青年黨)의 당원이 되었고, 비밀작전을 수행키 위해 1919년 2월 국내에서 중요민족지도자를 만나고 상해로 돌아왔다. 김순애는 1919년 6월 이화숙(李華淑)·과 함께 '여성의 독립운동 참여와 지원'을 목적으로 대한애국부인회(大韓愛國婦人會)를 조직하면서 상해지역 여성운동의 첫발을 디뎠다.[3]

이후 김순애는 서울에서 부인회대표로 파견된 김원경과 함께 적극적인 행보를 나타냈다. 김원경은 1919년 4월 국내에서 대한청년외교단의 도움으로 최숙자(崔淑子), 김희열 등과 함께 대조선독립애국부인회(大朝鮮獨立愛國婦人會)를 결성하였다. 5월에는 부인회의 대표로 건의문과 독립운동자금을 휴대하고 상해에 파견되었으며 이후 상해에서 활동하였다.[4] 두 사람은 1919년 8월 대한적십자회의 회원, 1919년 9월 5일 임시의정원 국무원 참사로 임명되면서 함께 활동하였다.[5] 그 뒤 결성된 상해애국부인회도 함께 이끌었다.

그 외에 1921년 7월 상해로 망명한 김순애의 조카 김마리아가 1922년 2월 18

---

3) 『신한민보』 1919. 8. 14.; 독립운동사편찬위원회, 『독립운동사』 제10권 대중투쟁사, 1978, 882-883쪽.
4) 경상북도경찰부, 『고등경찰요사』, 192쪽, 1934; 『매일신보』 1919.12.19., 『독립신문』 1920.1.1.
5) 『대한민국임시정부공보』, 1919. 9. 5.

일 임시의정원 의원으로 선출되었고,[6] 1923년 1월 31일 국민대표회의에서 개막 연설을 한 것 등이 주목되는 여성들의 활동이었다. 이러한 활동은 임시정부에서 도 여성에 대한 인식이 높아지고 있다는 점을 시사하는 면으로 평가받고 있다.

이밖에 1920년 1월-3월사이 개설된 대한적십자회의 간호사 양성소1기교 육을 이수한 이화숙,김연실, 이경신, 오남희, 이봉순, 강현석, 이매리 등도 이 시기 상해지역에서 활동했던 여성들이다.[7]

상해 임시정부에서 여성들이 본격적으로 활동하게 되는 것은 1930년대 중 반 창당된 독립운동정당에 참여하면서였다. 가장 먼저 조소앙의 동생 조용제 가 1935년 9월 한국독립당 재건에 참여하면서 여성들의 활동영역을 확장시 켰다. 이후 1940년 3월 민족주의계의 통합운동의 결실인 한국독립당의 창립 과정에 이순승, 조용제 등이 창립위원으로 활동하였다. 이후 방순희, 정정화 최선화 ,최향록, 조계림, 민영주, 연미당, 이국영, 오희영 등의 여성들이 당원 으로 참여하였다.[8]

또한 1930년대 말부터 임시의정원 의원 중 여성의 비율이 증가하였다. 대 표적으로 방순희는 1939년 임시의정원 제31회 정기의회에서 의원으로 선출 되어 유일한 여성으로 의원직을 수행하였다. 뒤이어 1941년 10월 이후 김효 숙, 지경희, 신정원, 안봉순 등도 각지역의 의원이 되었던 것이다.

특히 중경의 임시정부 내에서 민영주, 안봉순, 민영숙 등은 내무부, 법무부, 비서처, 외무부, 회계검사원으로 활동하였다. 또한 조계림, 최형록, 지복영, 신 순호 등이 외무부에서 근무하였으며, 그 밖에 선전부, 교통부, 생계부, 문화부 에서도 방순희, 김정숙, 이국영, 장희수 등이 각각 근무하였다.

1940년 9월 17일 출범한 한국광복군에 입대한 여성대원들은 한국광복군

6) 『독립신문』 1920. 2. 20.
7) 『독립신문』 1920. 2. 7.
8) 김성은, 「대한민국 임시정부와 여성들의 독립운동: 1932~1945」, 『역사와 경계』 68, 2008, 242-243쪽.

총사령부성립전례식에 당당히 참석하였다. 군복을 입은 오광심, 김정숙, 지복
영, 조순옥 등과 사복을 입은 신순호,민영주 등이 참가하여 여성들을 대표하
였다.[9] 이후 여성대원의 수가 점차 늘어났다.

이제 장을 바꾸어 임정에서 활동한 대표적인 부부독립운동가 4쌍을 중심으
로 그들의 생애와 행적을 살펴 보자

---

9) 한시준 『한국광복군연구』, 일조각, 1993, 64-68쪽

03 김순애 · 김규식 부부

김순애·김규식 부부는 1919
년 3.1운동 직전 상해에서 파
리강화회의 대표란 막중한 임
무를 부여받고 독립운동에 투
신하면서 평생의 동지가 된 것
이다.

김순애는 황해도 장연군(長
淵郡)출신으로 일찍부터 기독

김순애 김규식사진 (국가보훈처)

교를 받아들인 집안에서 자랐다. 고향에 세워진 신식학교인 소래학교에서 초
등교육을 받았으며, 집안의 신실한 기독교신앙과 확고한 민족의식도 자연스
럽게 자신의 사상으로 받아들였다. 이러한 면모는 김순애의 집안이 독립운동
가로 서훈받은 김필순, 김마리아, 형부 서병호, 남편 김규식, 조카 서재현 등을
배출한 사실로도 확인된다.[10]

김순애는 1912년 6월 중국으로 망명한 후 오빠 김필순의 일을 도우며
1915년 9월 남경(南京)의 명덕여자학원(明德女子學院)에 입학하여 수학하였
다. 1919년 1월 오빠의 막역한 동지인 김규식과 결혼한 후 함께 신한청년당

10) 강영심, 「김순애의 생애와 독립운동」, 『한국근현대사연구』 63, 2012.12 참조

의 당원이 되면서 독립운동전선에 뛰어들었다.

그런데 김순애와 김규식은 결혼 이전부터 알고 지낸 사이였다. 오빠의 동지가 된 김규식은 미국 유학 이후 새문안교회의 언더우드 목사 밑에서 일하고 있었다. 김필순의 가족과 소래에서 기독교로 맺어진 형부 서병호 집안과의 인연이 서울의 새문안교회로 이어졌다. 여기서 오빠친구로 김규식과는 자연스럽게 알고

김순애 김규식 결혼사진(박규원, 책)

지낸 것으로 추측된다. 1907년경 김규식이 김순애에게 청혼하였지만 학업을 이유로 거절하는 바람에 무산된 일이 있었다. 김순애가 평범한 여성들과 달리 여성이지만 학업의 중요성을 인지하고 이를 실천하려는 의지가 강고한 했음을 엿볼 수 있는 사례다.

김규식은 비록 어려운 환경에서 성장하였지만 주변의 도움으로 1897년 미국으로 유학하여 1903년까지 미국의 로아노크대, 프린스턴대학에서 수학함으로서 국제적 활동이 가능한 인재가 되었다. 이러한 능력을 고려하여 신한청년당의 여운형 등이 파리강화회의에 파견할 대표로 김규식을 선택한 것이다.[11]

결혼 이후 부부는 함께 한 경우보다 서로 별개의 분야에서 활동한 경우가 더 많았다. 이시기 우리나라 전통적인 부부생활의 양상과 그리 다르지 않았다고 할 수 있다. 그 활동 공간이 해외의 독립운동 현장이라고 해도 예외는 아닌

---

11) 『독립신문』 1919. 8. 26.

것으로 보인다.

김순애가 후일 기억하기를 "사진관에서 사진 한 장 찍는 것으로 대신한 결혼식 2주일 후 남편이 선편으로 프랑스로 갈 때까지 단 한번 합방조차 못했다며, 프랑스 떠나는 일의 계획과 준비로 분주했고, 자신은 남편의 옷을 바느질하며 매일 밤을 세웠다. 고 한다.[12] 즉, 김순애가 남편의 출장기간에 필요한 여러 준비로 분주했다 함은 주부로서의 역할을 말하며, 이 일이 여성의 중요한 역할이었음을 의미한다. 김규식은 파리에서의 활동이 이어져 1921년 귀국할 때까지 프랑스, 미국 등지에서 임시정부의 대표로 외교운동에 전념하였다. 반면에 김순애는 김규식과 함께 여운형(呂運亨)·서병호(徐丙浩)·김철(金澈)·조소앙(趙素昻)·조동호(趙東祜) 등이 조직한 신한청년당에서 이사(理事)로 활동하였다. 1919년 2월말 경부터 신한청년당의 당원들과 서울에서의 비밀 임무를 수행하였지만, 3.1운동에 참여하지 못하고 상해로 돌아왔다. 이후 김순애는 남편 김규식과 동지로 1945년 해방까지 중국지역의 독립운동전선에서 임정을 적극 지원하는 투사로 헌신하였다. 이제 김순애의 활동을 공적영역과 사적영역으로 나누어 살펴보자.

김순애는 앞서 3.1운동과 연관된 신한청년당활동이 공식적인 독립운동의 시작이었다. 앞서 살핀대로 상해로 돌아온 후 김순애는 1919년 6월 대한애국부인회를 조직하여 이지역 여성운동의 기반을 마련하였다.

특히 부인회 회장 김순애의 명의로 국내외 애국부인회에 보낸 편지에 '우리는 남자의 부속물이 아니라 독립된 인격이다. 여성국민으로 국가에 대한 의무를 자득하며 결사조직을 한 것이다.'라고 밝힘은 여성의 위치를 바로 세우고 여성들을 대표해 독자적인 여성독립운동을 선언한 것이다. 이 편지는 미주지역에 전달되어 미주여성운동에 자극이 되는 등 각지의 애국부인회결성으로 이어져 여성역량의 결집이란 성과를 거두었다.[13]

---

12) 박규원, 『상하이 올드데이스』, 민음사, 2003,118-119쪽.
13) 「상해여자애국단이 미쥬녀자애국단에게」, 『신한민보』 1919. 8. 14

대한애국부인회 회장명의 서신(1919.6) [14]

『신한민보』 1919. 8. 14기사

　김순애는 1919년 8월 출범한 대한적십자회의 사검(査檢), 이사로 활동하며, 1920년 1월부터 3월에 걸쳐 적십자 간호원 양성소 운영에 앞장섰다. 민족교육기관인 인성학교 지원 및 상해 대한인거류민단의원 등으로 그 활동영역을 확장해 갔다. 1919년 9월 5일 임시정부 국무원 참사로 임명되어 임정의 진정한 일원이 된 것이다. 1920년 초 김순애는 유창한 중국어로 상해의 중국학교를 돌면서 한중문제에 대해 강연하며 한국독립운동의 필요성을 알리는 외교관역할도 마다하지 않았다.[15] 1920년 1월에는 '임정의 뜻에 따라 독립운동을 추진하고 독립전쟁의 독립군이 되는 것'을 목적으로 한 의용단을 발기하는데 동참하였다.

　또한 1923년 1월부터 5월까지 120여개의 단체가 참가한 국민대표회의(國民代表會議)에 상해 대한애국부인회 대표로 참석한 김순애는 최고 통할 지도기관을 창출하기 위한 노력에 동참하였다. 국민대표회의가 무산된 이후 어려

---

14) 「상해애국부인회의 편지」(『자료로 본 대한민국임시정부』, 246쪽)
15) 『독립신문』 1920. 4. 20

위진 임정을 돕고자 1926년 7월 안창호,엄항섭(嚴恒燮) 등과 대한민국임시정부 경제후원회의 창립에 함께 하여 활동한 것이다. 이후 1930년 8월 16일 상해에서 김두봉의 부인 조봉원(趙鳳元)과 오의순 등과 한인여자청년동맹을 결성, 집행위원이 되어 한국독립당과 임정의 독립운동을 지원하였다.

1932년 4월 발발한 윤봉길 의사의 홍구공원 투탄의거로 상해를 떠난 임정은 1940년 9월 중경에 안착하고 조직을 재정비하였다. 1941년 임시정부는 주의(主義)와 이념(理念)을 떠나 통일전선운동을 추진하여 민족혁명당을 비롯한 중국 관내의 좌익세력들과 연합함으로써 좌우합작·연합정부의 실체를 갖게 되었다. 그리고 남편 김규식도 1942년경부터 임시정부에 다시 참여하여 선전부장, 부주석을 맡았다.

이러한 분위기는 여성운동계도 재결집에 나서게 하였다. 1943년 2월 23일 김순애는 중경의 각계 각파 부인 50여명과 한국애국부인회 조직을 재출범시켜, 주석으로써 한국애국부인회재건선언과 7개항의 강령을 발표하였다.[16] 강령에서 제시한 여성독립운동의 핵심은

> "국내외의 부녀는 총단결하여 전민족해방운동을 추진하되 남녀간에 평등한 권리와 지위를 향유하는 민주주의 공화국 건설에 적극 참여하고 국제적 부녀단결을 공고히 하여 전세계 여성과 전인류의 영원한 화평 행복을 위한 공동 분투를 하자."였다.

이 단체를 통해 해외각지의 한국여성단체들과 긴밀한 연계를 맺고 임정지원을 확대하는 데도 일조하였다.

국내외에서 활동하는 독립운동가들이 가족을 이루고 생계를 유지하는데 반드시 필요한 일상생활과 독립운동가 특히 남편을 곁에서 돕는 활동은 사적인 영역을 넘어 독립운동이 가능케 해준다는 점에서 이 역시 독립운동의 일부로

---

16) 『新韓民報』 1943. 6. 3. (『자료로 본 대한민국임시정부』, 219쪽)

한국애국부인회재건선언(1943.2)

재건한국애국부인회 간부들
(중앙 김순애/좌 최선화)

이해해야 한다. 이러한 관점을 염두에 두고 김순애의 사적인 일상을 짚어보자 김순애도 독립운동에 집중해야 할 김규식을 대신하여 가족의 생계유지를 최우선으로 감당하였다. 아들 김진세가 기억하는 부모님은 "8살 때 아버지가 항상 집에 계셨지만 여전히 바쁘시고 늘 책을 읽거나 생각하시던 모습...아버지는 항상 한국의 독립 먼저 생각하시고 어머니는 어려운 생계를 겨우 꾸려가셨지요."였다. 생계유지와 관련된 자료를 정리해 보면 '남편은 상해 푸단대 영어과 교수, 김순애는 상해의 한국유학생 하숙집운영으로 생계도움'. '남편은 중국 텐진 백양대 교수, 김순애는 한국 학생의 하숙으로 생계도움', '수입이 적어 재봉과 바느질로 와이셔츠 만들어 독일 조계의 옷가게로 넘김', 이런 자료를 보면 김순애가 생계를 위해 하숙을 치거나 바느질한 것을 알 수 있다.

두 번째로 여성들의 역할 중 출산과 육아는 독립운동가들에게도 예외는 아니었다. 김순애는 우선 김규식의 전부인 소생인 김진동을 양육하였고, 이후 김규식과의 사이에 1923년 큰딸, 1924년 둘째딸, 1925년 세째딸, 39살인 1928년에 아들 4자녀를 출산하였다. 즉 1923년부터 임신과 출산을 이어가며 육아와 가정을 꾸리는데 집중했다. 게다가 오빠 김필순의 아들 김염까지 돌봐야 했다. 이에 더하여 1927년 둘째 딸의 사망과 1930년 큰딸의 사망으로 자식을 잃는 아픔도 감내해야 했다. 아마도 이런 시간들로 인해 김순애가 1923년 4월부터 1926년 7월 사이의 활동이 없었던 것이 아닐까?

독립운동가의 삶은 상황에 따라 자주 이동해야만 하고 일제의 감시를 벗어나야 하는 어려움이 따르는 생활이었다. 김순애의 아들은 부모님이 한국말을 가르치지 않으셨는데 혹시라도 친구들과 놀다가 실수로 한마디만 잘못해도 바로 그곳을 떠나야 했기 때문이었다고 전하였다. 그러면서 이사를 자주한 탓에 한곳에서 3년 이상 머문 기억이 없다고 기억하면서 일본 순사가 늘 주변을 수소문하고 다녔기 때문이었다고 말하고 있다.

김순애는 이처럼 남편이 독립운동에 전념할 수 있도록 가장의 역할을 덜어주었다. 부인의 헌신적 뒷바라지에 힘입은 김규식은 1919년 이후 1945년까지 독립운동의 중요한 임무를 수행할 수 있었다. 이를 개략적으로 살피면, 1919년 파리강화회의 신한청년당 대표, 대한민국 임시정부 외무총장 겸 파리주재위원, 구미위원부 초대 위원장, 통합임정 학무총장, 1921년 상해 학무총장사임 후 남화학원설립, 1922년-27년 국민대표회의 창조파활동, 1927년 남경 동방피압박민족연합회 회장, 1927년-29년 북양대교수재직 중 한국유일독립당 상해촉성회의 집행위원 등을 역임하였다. 1930년과 1933년 임정의 국무위원, 학무장, 1935년 민족혁명당 중앙집행위원, 1942년 임시의정원 의원, 1943년 임정 선전부장, 1944년 임정 부주석으로 이어졌다. 김규식은 특히 1942년 이후 임정에서 중요한 역할을 담당하였으며, 김순애도 1943년 2월 재건한국애국부인회를 이끌며 해방까지 여성독립운동에 최선을 다하였다.

김순애 부부는 1919년 동반하여 신한청년당의 당원이 된 후 김규식은 파리강화회의 한국대표로 한국독립의 필요성을 전 세계에 알렸고, 김순애는 당원들과 국내에 잠입하여 파리강화회의 한국대표파견과 지원만세운동을 추진하는 활동을 실행에 옮겼다. 이후 각자의 방법으로 독립운동을 실천하였다. 임정수립 이후 부부는 임정 혹은 임정외곽단체를 통해 임정을 지원하는 활동에 주력하였다. 임정과의 관계가 소원해진 경우도 있었지만 1945년 해방까지 임정의 독립운동에 헌신했던 부부 독립운동가였다.

광복 후 김순애·김규식 부부는 1945년 11월 23일 임정요원 1차 환국 때 귀국하였다. 김순애는 이듬해 모교인 정신여자중고등학교의 재단이사장으로 취임하였고, 1948년부터 1962년까지 평이사로 재직하면서 여성교육기관에서 활동하였다. 한편 김규식은 광복이후 여운형과 좌우합작운동에 앞장섰으며 1948년 김구와 함께 남북협상에 나섰다. 1950년 6.25전쟁 때 북한군에 납치되었다가 12월 10일 만포진 부근에서 별세하였다. 갑작스럽게 남편을 잃은 김순애는 자녀와 살다가 1976년 5월 17일 별세하였으며 1977년 건국훈장 독립장에 추서되었다. 김규식은 1989년에서야 건국훈장 대한민국장을 추서받았다.

김순애 김규식부부와 가족사진 1946년경 서울 (이송죽외엮음, 『김필례』 2019, 열화당영혼도서관, 141쪽)

04 김원경 · 최창식 부부

김원경과 최창식은 각각
1919년 5월과 3월 상해로 와
서 임시정부에서 활동하기 시
작하였다. 김원경은 서울출신
으로 경성여자고등보통학교
를 졸업하였고, 1919년 3·1
만세시위에 참여하였던 경험
이 있다. 3.1운동 직후 1919

김원경 최창식 사진(국가보훈처)

년 4월 서울에서 직접 결성을 주도한 대한민국애국부인회의 대표로 선출되어
그해 5월 건의문과 독립운동자금을 휴대하고 상해에 파견되었다. 그런데 그해
11월 서울에서 대한민국애국부인회의 조직이 발각되어 동지들은 모두 체포
되어 재판에 회부되었지만, 서울에서 체포를 면한 김원경 역시 중심인물로 간
주되어 재판을 피할 수 없었다. 1920년 6월 29일 대구지방법원에서 궐석으로
징역3년을 선고받았던 것이다.[17]

상해에 파견되어 임무를 완수한 김원경은 9월경 상해에서 애국부인회를 조
직하고 회장이 되었다. 9월 김순애, 이화숙 등과 임시정부 국무원 참사로 임명

---

17) 『대한민국애국부인회 판결문』 (대구지방법원, 1920. 6. 29)

되었다. 1919년 7월 창립된 대한적십자회의 회원으로 1920년 1-3월 개설한 간호사 양성소 제1기로 훈련받았다. 1920년 9월 30일 상해조선인거류민단(上海朝鮮人居留民團) 개선 시 최창식과 함께 서구의원(西區議員)으로 선출되었다. 아마 이무렵 최창식과 인연을 맺은 것으로 추측된다. 최창식(崔昌植)은 1892년 서울에서 태어났다. 그는 1911년 서울에서 서간도 독립운동 기지건설을 위한 군자금 모집에 관여하였고 1912년부터는 오성학교 역사교사로 재직하면서 학생들에게 민족의식을 고취시켰다. 오성학교 교사로 활동 중 1916년 소위 「보안법위반」으로 피체되어 8월 징역형의 옥고를 치렀던 인물이다. 출옥 후 1918년 중국으로 망명해 1919년 3월 말 독립임시사무소에 참여하여 신한청년당의 여운형, 선우혁, 현순 등과 임시정부 설립의 기초를 닦아 그 출범을 도운 일인이 되었다. 1919년 4월 임시의정원회의 초대 경기도선출의원, 5월 대한민국 거류민단(여운형단장) 의사원, 7월 상임위원회 내무위원장, 국제연맹제출안 작성특별위원회 위원, 원법(院法)제정위원 등에 선출되어 활동하였다. 또한 8월에는 국무원 비서장을 역임하면서 임정 초기에 적극적인 행보를 보였다.

남편 최창식이 임시의정원을 비롯한 주요직에서 활동하는 동안 김원경도 1921년 4월 인성학교 교사활동과 상해애국부인회의 활동을 이어갔다. 이후 김원경은 1922년 1월 최창식과 동반하여 모스크바에서 개최된 극동피압박민족대회에 참가하게 된다. 최창식는 신한청년당 대표로, 김원경은 이르크츠크파 공산당의 일원으로 참여한 것이다. 이와 관련하여 주목되는 점은 최창식이 1920년 5월 상해 한인공산당(이르크츠크파)에 입당하고 상해 이르쿠츠크파 고려공산청년단원이 되었다는 사실이다. 최창식은 1921년 6월부터는 고려공산청년단 상해회의 집행위원장을 맡는 등 사회주의 활동을 본격적으로 전개하였다. 이러한 최창식의 사회주의 수용은 김원경이 사회주의를 받아들이는 데 영향을 끼쳤고, 그녀 역시 공산당원이 된 것으로 추측된다. 당원이 된 두 사람이 함께 모스크바의 극동피압박민족대회에 참가하게 되었다. 물론 최창식은 신한청년당대표의 명의로 갔지만 그는 당시 공산당원이었고 사상과 노선 역시 이에 근거하였다. 특히 최창식은 극동피압박민족대회에서 김규식ㆍ여운형과 함께 조선대표로 연설하며 그의 인지도를 높였다.

　반면에 김원경은 1922년 극동피압박민족대회 참석 이후 거의 활동이 없었다. 그리고 1930년 8월에야 한인여자청년동맹에 동참하며 활동을 재개한 듯 보였다. 하지만 이 활동이 그의 마지막 공식 활동이 되었다. 이러한 공백기는 김원경의 두 번에 걸친 출산과 1930년 최창식의 수감과 관련이 있지 않을까, 조심스럽게 짐작해 볼 여지가 있다.

　한편 최창식은 대회 이후에는 1922년 중한호조사의 편집과 간사를 담당해 중국 사회주의자와 한인 사회주의자의 연대에도 힘을 기울였다. 최창식은 반이동휘파를 결성하고, 고려공산청년당을 조직하여 활동하면서도 임정 안에서도 일부 직책을 맡아 사회주의자로써 임정과 연결을 지속하려는 열정을 쏟았다. 즉 최창식은 1922년 7월에는 시사책진회(時事策進會)를 조직하여 독립운동 단체의 통합을 위해서 진력하였다. 또한 1924년 5월에 제10대 의정원 의

장을 역임하였고 이후 1926년까지 임시의정원에 참여하였던 것이다. 1925년
에는 「신민보(新民報)」를 발행하고, 3 1공학(三一公學)을 설립 등을 통해 민족
계몽에도 노력하였다. 1927년 4월 한국노병회 이사 등을 역임하면서 임정과
연관된 활동을 이어갔다.

최창식은 1927년 한국유일독립당 상해촉성회의 집행위원으로 선출되어 통
합운동에 주력하는 모습을 보였다. 그러나 1928년 코민테른이 12월테제를 발
표해 민족주의와의 결별을 정책화하자 독립운동세력의 통합추진이 좌절되었
다. 최창식은 상해촉성회해체 이후 모든 공식적인 활동을 중단했으나 삼일인
쇄소(三一印刷所)를 인수하여 사회주의와 민족주의세력 모두의 인쇄물 간행을
맡음으로써 민족통일전선의 끈을 이어나갔다. 하지만 1930년 4월 사회주의
선전물을 제작했다는 혐의로 일본영사관경찰에 피체되어 경성감옥으로 이감
되었다. 이후 경성지방법원에서 징역 3년형을 선고받고 옥고를 치렀다. 1933
년 출옥한 후 상해에서 가족과 합류하였지만 활동을 이어가지 못하였다.

김원경의 사적인 영역을 살펴보면 우선 1924년에 최영방을, 1926년에 최
영화를 출산하고 양육하였다. 그리고 11년이 지난 1937년 아들 최영만을 출
산해 모두 세 명의 자녀를 나았다. 김원경의 결혼 시기는 확인되지 않지만,
1924년부터 1926년까지 두 아이의 출산과 육아를 감당하였으며 최창식을 대
신하여 가정을 이끌었을 것이다. 둘째가 3-4세가 되는 1930년이 되서야 다시
활동이 가능해져 8월 한인여자청년동맹에 동참할 수 있게 된 듯하다. 하지만
최창식이 서울로 이감되어 옥고를 치르는 동안 김원경이 가장이 되어 막중한
책임을 감당했을 것이다. 이후 최창식은 3년의 옥고를 마치고 1933년 8월에
출옥하였지만 옥중에서 얻은 각기병의 악화로 거동이 어려운 처지였다. 그는
안국동의 여관에 한동안 머물다 가족을 찾아 상해로 돌아갔다.[18] 그때는 이미

18) 「崔昌植氏 七日에 出監」, 『朝鮮日報』, 1933.8.8.

임시정부가 상해를 떠나 유랑시대에 처한 시기였지만 김원경 최창식 부부는 임정에 합류하지 않고 상해에 머물렀던 것이다. 남편이 돌아왔지만 옥고 후유증으로 건강이 좋지 않아 독립운동은 물론 경제적 능력도 없어 김원경이 생계를 책임졌던 것으로 보인다. 이는 1941년 『광화(光化)』 기자와의 인터뷰에서 '병든 남편을 봉양한다"는 기사로도 입증된다.

그런데 김원경이 1940년 상해 거류 조선인회와 조선총독부 상해사무소가 공동 주최하고 상해 일본대사관 중지(中支)경무부의 후원을 받은 「재상해조선부인시찰단」으로 고국을 방문하게 되었다. 이 행사는 상해 재류 한국인 중 '유력 지도계급'에 속하는 부인들을 선발하여 식민통치하의 '조선내 발전상'과 일본의 상황을 시찰케 함으로써 한국인들에게 '총독통치'의 선도 및 교화를 주입시키려는 장치였다. 시찰단으로 귀국했던 김원경이 당시 잡지사와의 대담에서 일본의 침략전쟁을 미화하는 입장을 밝히고 있어, 이런 선택을 한 그의 행적에 아쉬움이 남는다.[19]

광복 후 건강을 회복한 최창식은 상해에서 사회주의운동을 이어가던 중 중국국민당 정부에게 적발되어 1년 반 동안 구금당한 후 석방되었다. 이후 상해에 머물다 1957년 5월 21일 최창식이 사망하자, 김원경은 남편의 유해를 가지고 세 자녀와 함께 마카오를 거쳐 1960년에는 미국 보스턴으로 이주했다고 한다.[20]

김원경은 1963년 대통령표창을 수여받고 1981년 11월 23일 사망하였다. 최창식은 1983년 독립장에 추서되었다.

---

19) 「上海朝鮮婦人團 '故國山河' 訪問記」,『삼천리 』제12권 제6호 1940. 6. 1.
20) 「큰딸 최영방 여사의 증언」(2013. 05. 20 구술)(이한나, 「崔昌植의 在中獨立運動과 민족통일전선 추구」,『한국민족운동사연구』, 86, 2016, 142쪽에서 재인용)

05 최선화 · 양우조 부부

  앞의 두 부부가 임정 설립 초기부터 활동한 것에 비해 임정 말기에 활동한 부부로 최선화·양우조 부부가 있다.

  최선화(崔善嬅)는 이화여전을 졸업하고 1936년 상해로 가서 간호대학을 다니다 중퇴하고, 흥사단에 가입하였다. 1937년 5월 양우조(楊宇朝)와 결혼하였으며 1940년에 창립된 한국독립당에 가입하여, 임시정부를 지원하는 활동을 하였다. 임시정부가 사천성 기강으로 이전한 뒤 최선화는 1940년 6월 정정화, 오광심등 독립운동가부인 24명과 한국혁명여성동맹(韓國革命女性同盟)의 결성에 참여하여, 주비위원으로 활동하였다. 1943년 2월 김순애를 중심으로 중경의 각계 각파 부인 50여 명과 한국애국부인회 재건에 동참하고 서무부장

최선화 양우조 결혼사진
(제시의 일기 중)

(한국혁명여성동맹창립
기념사진 1940.6.17.
3열 좌측 4번 최선화/
5번 오광심
『자료로 본 대한민국
임시정부』, 230쪽)

으로 활동하였다. 동부인회는 임시정부를 도와 각 방면에서 활동하였는데, 방송을 통하여 국내외 여성들에게 각성과 분발을 촉구하기도 하고, 위문품을 거두어 항일전선에서 활동하는 군인들을 격려하였다. 또한 여성과 청소년들의 계몽과 교육에도 열성적으로 참여하였다.

최선화는 1941년 10월 중경생활 당시 독립운동가 부인들의 역할을 이렇게 규정한 바 있다.

> "이곳에서 부인들이 하는 일은 아이키우고 임정에서 활동하는 남편을 뒷바라지하는 일이다. 하지만 그 외에도 … 부인들이 할 수 있는 일이 분명히 있다. 자녀들에게 민족의 정신을 집어넣는 것도 우리 몫일 것이요, 후방에서 독립운동을 지원하며 일선에서 일본군과 싸우며 애쓰는 우리 동지들을 보살피는 것도 여자들의 몫일 것이다."[21]

예컨대 육아와 독립운동가 남편의 '뒷바라지'가 주된 일이라고 판단하고 아

---

21) 양우조.최선화 『濟始의 일기-어느 독립운동가 부부의 육아일기』, 우리나비, 2019, 174쪽.

울러 자녀에게 민족정신, 민족의식을 고취시키는 것, 후방에서 독립운동지원, 일본군과 전투하는 독립군 '보살핌' 등도 여성들의 역할로 파악하고 있다. 그 외에 원로독립운동가를 돌보는 일도 맡았다. 최선화의 경우 이동녕을 주로 '모셨다', 독립운동에 헌신하며 혼자 생활하던 원로들을 돌보는 일 역시 여성 독립운동가들의 몫이었다

최선화도 공적으로는 한국독립당, 한국혁명여성동맹, 재건한국애국부인회의 구성원으로 독립운동전선에서 활동하였지만, 사적으로는 한 가정을 이끌며 남편의 활동을 뒷바라지하며, 1938년과 1941년의 두차례 출산 및 육아를 통해 부인의 역할을 감당한 것이다. 물론 최선화 양우조 부부의 경우 육아분담과 간호 등의 역할을 남편이 함께 담당한 부분이 주목할 만하다. 비교적 젊은 층인 부부는 근대식 교육을 받고 남녀평등에 대한 인식도 다른 부부와는 달랐던 면모도 엿보인다. 이러한 점은 당시 곤경에 처한 임시정부의 식구들과 더불어 극한 상황을 겪은 최선화를 보며 안타까워하는 양우조의 심경에서도 잘 드러난다. 그는 "나와의 결혼이 아니었다면, 지금쯤 본토에서 교편을 잡고 있거나 미국 유학생으로 학문에 전념하고 있었을 것이거늘 이곳 중국에서 온갖 시련을 다 겪고 있다."고 말한 바 있다.

이처럼 여성의 역할과 결혼생활에 대한 이해가 남달랐던 양우조(楊宇朝) 는 평안남도 강서출신으로 평양에서 성장하였다. 그는 19세에 도미하여 방직전문학교와 뉴베드퍼드공대 폴리버공대를 졸업하고 조국에 방직산업을 일으키려는 꿈을 꾸고 귀국하였다가 여의치 못하여 중국 상해로 망명하였다. 미국에서의 오랜 유학생활을 통해 남녀평등에 대한 인식이 달라졌거나 서구적인 결혼관과 육아법을 수용한 것이 아닐까 생각된다. 양우조는 1929년 한국독립당 창당 발기인, 화남 및 남양군도 시찰 특파원, 중국방직공업 관리위원, 혁신사 주필이자 한민보 발행인으로 활동하였다. 국민당, 독립당, 조선혁명당의 3당통일회의 관여, 임정 재무부· 생계부 차장, 광복군 참사 및 정훈처장 등을 역

임하며 임정에서 활동하였다. 양우조는 1930년대 이래 줄곧 정당 활동을 통해 임시정부를 옹호, 유지하는데 힘썼다. 임시정부는 1930년 상해에서 한국독립당을 창당하였고, 1935년 이후에는 한국국민당을 기반으로 유지 운영되어 왔다. 그리고 1940년 중경에서 또 다시 한국독립당을 창당하여 임시정부의 기초 세력이자 여당으로 삼고 있었다. 1940년대에도 양우조는 임시정부의 세력기반인 (상해)한국독립당· 한국국민당· (중경)한국독립당에 참여하여 간부로서 활동함으로써 광복의 날까지 임시정부를 옹호 유지하는 데 앞장섰던 것이다.

해방이후 최선화 양우조 부부는 1946년 4월 임정 인사 및 그 가족들과 부산항으로 귀국하였다. 환국 이후 최선화는 외부 활동은 없었지만, 양우조는 임시정부 및 한국독립당 인사들과 함께 정치·정당 활동을 하였다.

양우조는 1963년 건국훈장 독립장을 수여받고 1964년 별세하였다. 남편을 먼저 보낸 최선화는 1991년 비로소 건국훈장 애국장을 수여받았으며 2003년 별세하였다.

상술한 바 3쌍의 부부 독립운동가를 살펴보았듯이 남성의 경우 가정이나 육아에 신경 씀이 없이 온전히 독립운동 전선에 투신해 '항일투쟁'에 집중할 수 있었다. 그러나 여성은 함께 독립운동 전선에 나섰지만, 결혼과 동시에 한 가정의 생계는 물론 출산과 육아의 책임도 본인의 몫으로 당연시하였다. 아울러 남편의 독립운동'뒷바라지'까지도 으레 감당했던 것이다. 그러므로 여성들은 임신과 출산, 육아에 집중해야 하는 기간에는 공적 영역에는 참여하지 못하니 활동상의 공백기가 생길 수밖에 없다. 또한 '원로독립운동가 돌보기'도 여성들의 중요한 몫이었다. 위에서 여성들의 활동을 공적 사적으로 나누었지만, 사적 영역으로 구분했던 '남편 뒷바라지', 임신,출산과 육아, 그리고 독립운동가 돌보기, 독립군 돌보기 등은 독립운동 후원 및 독립운동예비군 양성적 성격을 띠므로 이 역시 개인의 일상이 아닌 독립운동의 연장으로 해석해서 평가되어야 한다.

06 광복군 동지 오광심 · 김학규 부부

광복군 여성대원 중 남편과 함께 광복군에
서 활동한 부부독립운동가 중 대표적인 예가
오광심 김학규 부부다.

오광심(吳光心)은 1910년 3월 15일 평북
선천군(宣川郡)에서 출생하였다. 어린 시절 부
모를 따라 남만주로 이주한 후 1927-8년경에
흥경현(興京縣)의 화흥중학(化興中學) 부설 사
범과에 입학하여 민족교육을 받았다. 1929년
20세에 졸업하고 1930년 통화현 반납배(半
拉背)의 배달학교교사가 되었다. 1931년에는
삼원포의 동명중학(東明中學) 부설 여자국민

오광심과 김학규 결혼사진
(국가보훈처)

학교 교사로 부임하여 2세 여학생들에게 민족의식을 심어주었다.

오광심은 1930년 국민부가 결성한 조선혁명당에 가입하였고 1931년 '만주
사변'이후에는 교사를 그만두고 독립운동에 전념하였다. 이어 조선혁명당 산
하 조선혁명군이 되어 사령부군수처, 유격대 및 한·중연합 항일전에 가담하여
지하연락 활동을 맡았다.

지하연락 활동 중 조선혁명군 참모장 김학규(金學奎 호는 백파)를 만나 부

부의 연을 맺고, 평생의 동지가 되었다. 1900년 평남 평원군 출신인 김학규는 1919년 신흥무관학교 속성과를 졸업하고, 조선의용대의 소대장으로 활동하였다. 1920년 가을 일제의 소위 경신토벌을 피해 도피하던 중 신민현(新民縣)의 문회고급학교에서 6년 동안 수학하였다.[22] 1927년 졸업하고 동명중학교 교원 및 교장을 역임하다가 1929년 사직하였다. 김학규는 국민부에 가담, 중앙집행위원에 선임되었고, 조선혁명군 총사령 양세봉의 참모장으로 활동할 때에 오광심을 만나 결혼한 것이다. 그는 조선혁명군 참모장으로 만주의 당취오군과 대일작전협정을 체결하고 한중연합군을 조직하여 1932년 10월 중순까지 한중연합군은 일군과 200여 차례에 걸쳐 교전하였으며, 영릉가전투 등에서 큰 전과를 올린 바 있다.

1931년 만주사변 이후 일제가 만주국을 설립하고 만주일대를 장악한 뒤 1933년 말 만주의 조선혁명군이나 한국독립군 등은 활동지역을 중국관내지역으로 이동하거나 임시정부에게 도움을 요청해야 할만큼 악전고투 중이었다. 조선혁명군 사령부도 임정의 원조를 요청하고자 김학규를 남경에 파견하였는데 이때 오광심도 동행하게 되었다. 임시정부를 찾아가는 험난한 과정에서 '님 찾아가는 길'이라는 제목의 노래를 지어 비장한 심경의 일단을 토로하기도 하였다.

1934년 5월 오광심부부는 농부로 변장하여 무사히 남경에 도착하였다. 김학규는 만주에서 진행되고 있는 조선혁명군의 대일작전의 상황을 보고하고 조선혁명군에 대한 인력과 물자보급의 필요성과 그 긴요성을 역설하였다.

그런데 당시 각 단체의 대표들은 대동단결을 위해 한국대일전선통일동맹(韓國對日戰線統一同盟)을 결성하고 통전운동을 준비하고 있었다. 김학규는 이같은 상황을 보고서로 작성해 만주 사령부에 전달하기 위해 오광심을 밀사로

---

22) 김학규, 「백파자서전」, 『한국독립운동사연구』,(한국독립운동사연구) 제2집, 1988, 581-613쪽

파견하였다. 오광심은 중요한 기밀보고서를 휴대하지 않고 통째로 외운 다음 1934년 7월 15일 남경에서 출발하였다. 김학규는 자서전에서 이 작전을 소상히 남겼다. 그는 기밀보고서를 안전하게 전달하려고 보고서의 암송전달법을 택한 것이며, '청년기인 오광심이 어려도 비교적 총명하고 기억력이 특별히 강했으므로' '아내'에게 이 사명을 맡겼는데 오광심이 마치 '소학생이 교과서를 리피트하듯이 한페이지 한페이지씩 암송하였다'고 술회하였다. 4,5일만에 책 한권을 숫자 한자 틀림없이 숙송(熟誦)하고 임무를 수행한 것이다. 특히 오광심은 만주에서 여투사로 이름을 날려서 조선혁명당 진영의 동지들에게 믿음을 주고 있었으므로 그가 전하는 '리피트보고서'는 문서보고와 동일한 효과를 발생한다고 예상한 것이다.

막중한 임무를 무사히 마친 오광심은 1935년 1월 조선혁명당 본부에서 작성해 준 비준서를 소지하고 남경으로 복귀하여 이를 김학규에게 전달하였다. 마침내 1935년 7월 5일 한국독립당·의열단·신한독립당·조선혁명당·대한독립당 등 5당이 통합하여 민족혁명당이 출범하였다. 김학규는 중앙집행위원과 만주지부장으로 임명되어 대동단결에 힘을 기울였고, 오광심은 부녀부 차장으로 활동했다. 그러나 민족혁명당 내의 계파갈등으로 오광심의 부녀부 활동은 오래가지 못하였다.

1937년 7월 중일전쟁의 발발 이후 오광심 부부도 이동하는 임시정부와 함께 한구, 장사, 광주를 거쳐 유주에 정착하였다. 오광심은 1939년 2월 유주에서 조직된 한국광복진선청년공작대(韓國光復陣線靑年工作隊)의 대원이 되었는데, 34명의 대원 중 여성은 11명이었다.

오광심은 정정화, 최선화등 독립운동가부인 24명과 1940년 6월 16일 한국혁명여성동맹을 창립, '한국혁명여성동맹선언'을 작성,선포하여 여성들의 역량을 한데 모아 임시정부의 독립운동에 힘을 보탰다.[23]

---

23) 韓民 第1期 第3,4期(合刊) (국가보훈처, 『해외의 한국독립운동사료(Ⅶ)』 : 중국편(3))

중경에 안착한 임시정부는 조직을 재정비하며 광복군의 설치 계획을 다시 추진하여 1940년 9월 17일 한국광복군을 창설하였다. 부부는 함께 광복군에 입대하여 오광심은 총사령부의 사무 및 선전사업 분야에 김학규는 제2지대 지대장과 참모직을 겸하며 복무하였다. 1941년 7월 조선의용대의 일부가 제1지대로 편입되자 김학규는 제3지대장이 되었다. 총사령부가 11월 전방인 섬서성(陝西省) 서안(西安)으로 이동할 때 오광심은 남편 그리고 지복영, 조순옥 등 여성대원과 함께 이동하였다. 이후 부부는 서안과 부양에서 1945년 까지 광복군 동지로 활동하였다.

서안 총사령부의 선전조는 적극적인 광복군 홍보와 선전 활동을 위해 기관지 간행을 준비하였다. 편집은 김광이 담당하였고, 원고 작성과 편집은 오

오광심과 김학규 광복군 사진

광심을 비롯하여 지복영과 조순옥 등 여자 대원이 주로 담당하였다. 오광심과 여성대원들은 1941년 2월 1일자로 『광복(光復)』을 창간하여 현지 중국인들과 국내외 한인들에게 전달하였다. 창간호 한국어판에는 국내외 동포들의 항일의식을 고취하는 글들을 실었다.

오광심도 「한국 여성동지들에게 일언(一言)을 들림」이라는 글을 게재하였다. 이글에서 한국여성의 존재를 20억 세계인 중 절반인 10억 세계 여성 인구의 일부로 보고 "우리 여자가 없으면 세계를 구성할 수 없을 것이며 또한 우리 민족을 구성하지 못할 것이다."라 하며 한국여성의 존귀한 존재성을 강조하였다. 이어 세계 흥망과 민족 존망의 책임이 남녀 모두에게 있음을 강조하고 위기에 처한 서반아(스페인)와 중국에서 여성들이 맹렬하게 투쟁한 사례를 밝혔다. 그리고 한국에서 '국망' 30년 동안 조국광복과 민족의 자유를 위하여 국내

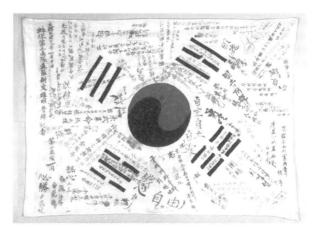

**광복군 제3지대 대원이
서명한 태극기 1945.**
(『등록문화재 389 자료로 본
대한민국임시정부』, 274쪽)

외에서 맹렬히 활동한 것은 주로 남자 동지들이고 여성은 극소수이니 부끄럽
다고 반성하였다. 이제 남녀평등과 여권을 찾으려면 우리도 남자와 동등하게
국가와 사회의 임무를 져야하며, 지금이 그때라고 주장하고 있다.

1942년부터 제3지대장 김학규는 초모공작을 위해 안휘성(安徽省) 부양(阜
陽)에 정착하여 한국광복군 초모위원회(招募委員會)를 설치하고 항일투쟁을
전개하였다. 오광심은 제3지대장 김학규의 참모이자 기밀 담당 비서로서 활동
하였다. 오광심 김학규부부는 본부요원과 신입대원에 대한 교육과 훈련을 담
당하는 한편, 적 점령지역에서 초모공작을 전개하는 지하공작대원으로 활동
하였다. 이때 광복군에 참여하였던 대원들의 회고에 의하면, 대원들은 오광심
의 자상한 보살핌과 배려에 최대한의 경의를 표하였다고 한다.

광복 후 오광심은 김학규와 함께 상해와 만주 심양(沈陽)으로 이동하였다가
1948년 4월에야 귀국하게 되었다. 김학규는 귀국 이후 이승만 정권에 항거
하다가 1949년 징역 15년형을 선고받고 복역하였고, 1960년 한국독립당을
재건하여 최고대표위원에 취임하며 정치활동에 나서기도 하였다. 김학규는
1962년 건국훈장 독립장을 수여받았고 1967년 9월에 별세하였다. 오광심은
1976년에 별세하였으며 1977년 건국훈장 독립장을 추서받았다. 국립 대전현

충원 애국지사 3묘역 부부 광복군으로 합장되어 있다.

오광심 부부는 그 활동양상이 다른 부부들과 달랐다. 즉 부부는 광복군 3지대의 구성원으로 대부분 동일한 업무나 관련 임무를 함께 수행했던 것이다. 특히 오광심은 군사조직 내의 군인이란 직무 탓인지 여성만의 사적 영역인 가사돌보기 등에 대한 기록이나 자취가 드러나지 않는다. 오광심의 결혼생활 중 가사돌봄, 출산, 육아에 대한 부담이 없거나 적었던 점으로 미루어 남편과 비슷하게 공적 생활을 영위했을 것이다. 특히 오광심의 경우 앞서 본 3명의 여성들이 출산과 육아에 많은 시간과 정성을 쏟은 것과 달리 독립운동에 전념할 수 있었다는 점에서 주목할 만한 대목이다. 이들 부부는 독립운동에 투신하는 동안 자녀를 생산하지 않았는데, 아마도 독립운동에 전념하기 위한 선택이 아니었을까 짐작해 본다.

님 찾아가는 길

1. 비바람 세차고 눈보라 쌓여도
   님 향한 굳은 마음은 변할 길 없어라
   님 향한 굳은 마음은 변할 길 없어라

2. 어두운 밤길에 준령을 넘으며
   님 찾아가는 이 길은 멀기만 하여라
   님 찾아가는 이 길은 멀기만 하여라

3. 험난한 세파에 괴로움 많아도
   님 맞을 그 날을 위하여 끝까지 가리라
   님 맞을 그 날을 위하여 끝까지 가리라

(『독립군 가곡집- 광복의 메아리』)

07 부부독립운동가 활동의 특성과
그 역사적 의의

지금까지 임시정부에서 활동한 부부독립운동가를 중심으로 그 생애와 행적을 살펴보았다. 이를 다시 요약하고 그 역사적 의의를 짚어보는 것으로 마무리 글을 대신한다.

이 글의 여성들은 교육의 기회를 얻기 어려운 전통적 남존여비적인 여건 속에서 스스로를 개발하고 발전시키려는 의지를 가진 선각적인 인물들이었다. 이를테면 김순애는 정신여학교와 명덕여학교에서, 김원경은 경성여고보에서, 최선화는 이화여전에서 오광심은 화흥중학에서 각각 수학하였다. 이들은 자신이 처한 환경을 극복하고, 자발적으로 학교교육을 받았으며, 졸업 후에는 받은 혜택을 이기적인 수단으로 이용하지 않고 독립운동의 다양한 영역에서 되갚으며 민족과 나라의 발전에 이바지하였다.

둘째로 이들은 독립운동가를 남편으로 택하여 함께 동지가 되어, 그들이 최전선에서 가정을 고려함 없이 온전히 독립운동에 매진하도록 대신 가정을 유지하는 것이 바로 독립운동의 지원이며 이것이 바로 자신들이 감내할 중요한 역할이라고 인식한 여성들이다. 더하여 독립운동의 예비군이 될 자녀를 생산하고 키워냈다는 점, 역시 버금가는 자신들의 역할이라 받아들인 것이다.

셋째, 이러한 부부독립운동가의 활약상은 여성도 남성과 동등하게 민족독립을 위해 헌신했다는 사실을 알려주어 현재를 사는 여성들에게 자긍심과 민족의식을 심어주며 나아가 청소년의 젠더의식을 각성시켜 주는데 그 역사적 의의가 있다.

넷째, 부부독립운동가에 대한 이해가 깊어질수록 항일독립운동영역에서 남녀의 균형잡힌 시각과 이에 대한 인식을 높여주는 데에도 영향을 끼친다. 이 점과 연결지어 여성들의 활동 중 출산과 육아 그리고 가사경영 등의 역할이 결코 사적영역으로 치부해서는 안됨을 명확하게 해주었다. 즉 이 활동 역시 독립운동의 범위로 포함시켜 여성들에게 정당한 평가를 되돌려주어야 한다.

마지막으로 함께 생각해 볼 점은 앞에서 언급된 2020년 11월 현재 전체 독립유공자 중 여성이 488명으로 2.99%에 불과하다는 사실이다. 이 결과는 우리에게 여성독립운동에 대한 새로운 이해와 접근이 필요하다는 시사점을 준다. 당시의 제반 환경에서 이루어진 여성의 활동을 남성과 같은 잣대로 평가·판단하는 입장에 대한 검토가 필요하다. 즉 독립운동전선에서 여성이 남성과 동일한 활동에 참가한 사례도 적지 않지만, 남성들이 독립운동에 전념할 수 있는 제반 여건을 마련한 것이 바로 여성들의 활동이었다는 사실을 간과하지 말아야 한다. 다시 말해 여성들의 고유한 '살림살이, 출산, 육아'는 사적 영역에 가두어버릴 수 없는 문제이며, 당연히 민족독립운동이란 공적영역으로 그 외연을 넓혀서 해석해야만 하는 중요한 사안인 것이다. 여성들의 절대적인 뒷받침과 독립예비군의 양성이 없었다면 독립운동이 원활하게 전개될 수 없었을 것이다. 이는 임시정부가 1932년 상해를 떠나 중경에 안착한 유랑시대의 상황을 살펴 보아도 확연히 드러난다.

이제 우리에게 필요한 것은 여성독립운동에 대한 재조명 작업이다. 한국독립운동사에서 여성들의 역할에 대한 새로운 평가와 역사적 의의를 재정립해야 하며, 새로 세워진 틀에 근거하여 이들에 대한 서훈도 재검토되어야 한다.

여성들의 고유한 역할인 살림살이와 출산 및 육아를 통한 독립운동'내조'와 독립운동예비군의 양성이야말로 민족을 살리는 원동력이었음을 인정하고 아울러 그에 걸맞는 평가를 내려야 할 것이다.

참고문헌

『獨立新聞』1919. 12. 27, 1920.1.1. ;『신한민보』1919. 11. 27, 1943.6.3.

『매일신보』1919.12.19.;『경향신문』 1960.10.4,1967.9 22 .

『삼천리 』 제12권 제6호 1940. 6.

『대한민국애국부인회 판결문』(대구지방법원, 1920. 6. 29).

독립운동사편찬위원회,『의열투쟁사자료집』 제11집, 1976.

국사편찬위원회편,『한국독립운동사 자료 3권 임정편Ⅲ』.

양우조.최선화『濟始의 일기-어느 독립운동가 부부의 육아일기』,우리나비,2019.

독립군가보존회편, 『독립군 가곡집- 광복의 메아리』,교학사, 1982.

국가보훈처, 『해외의 한국독립운동사료(Ⅶ)』 : 중국편(3).

경북경찰부,『 고등경찰요사』, 1934.

대한민국임시정부,『대한민국임시정부공보』.

독립운동사편찬위원회,『독립운동사』 제10권 대중투쟁사, 1978.

박규원,『상하이 올드데이스』, 민음사, 2003.

김학규,「백파자서전」,『한국독립운동사연구』,(한국독립운동사연구) 제2집, 1988.

독립기념관,『자료로 본 대한민국임시정부』, 2016.

김성은,「대한민국 임시정부와 여성들의 독립운동:1932~1945」,『역사와경계』 68, 2008.

김희곤,『대한민국임시정부Ⅰ- 상해시기』, 한국독립운동사연구소, 2009.

박용옥,『여성운동』,(한국독립운동의 역사 31권) 한국독립운동사연구소 2009.

강영심·김도훈·정혜경,「1910년대 국외항일운동Ⅱ- 중국·미주·일본」, 한국독립운동사연구소, 2009.

김광재,『한국광복군』, 한국독립운동사연구소 2009.

강영심,「김순애의 생애와 독립운동,」,『한국근현대사연구』,63, 2012.12.

박용옥,「한국여자광복군 오광심의 활동과 지도력」,『한국여성독립운동가』: (사) 3·1 여성동지회 50주년 기념, 국학자료원 2018, 300~322쪽.

이한나,「崔昌植의在中獨立運動과 민족통일전선추구」,『한국민족운동사연구』86, 2016.

여성사로
읽는
항일독립운동

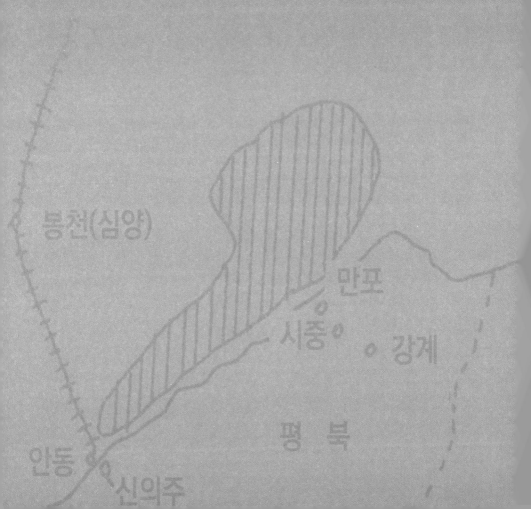

봉천(심양)

만포

시중

강계

평북

안동

신의주

부 록

(사) 항일여성독립운동기념사업회 단체소개

21세기 남녀평등헌장

우리는 2001년을 참된 남녀평등 사회를 실현하는 원년으로 선포한다. 20세기가 남녀평등의 씨앗을 뿌린 시대였다면, 21세기는 그 결실을 맺는 시대가 될 것이다. 가정과 직장, 사회와 국가의 모든 부문에서 여성과 남성이 조화로운 동반자 관계를 이루는 일이 우리의 시대적 사명이다. 우리는 차별이 사라진 평등한 사회, 폭력이 없는 평화로운 사회, 인권이 존중되는 민주사회를 지향한다. 이를 위해 여성들 스스로가 자기 삶의 당당한 주체가 되어 사회 발전의 주역으로 나서야 한다. 이에 남녀평등 사회로 가는 지표를 세우고자 한다.

I. 남녀는 가정 안에서 역할과 책임을 공유한다. 특히 자녀양육은 남녀 모두의 권리이자 의무이다. 남녀가 평등한 가족 공동체를 이루고 다양한 가족형태를 존중한다.

I. 임신과 출산은 여성의 사회적인 기여로 인정되고, 마땅히 보호받는다. 임신과 출산으로 인해 어떠한 차별이나 불이익을 받아서는 안 된다.

I. 남녀는 능력에 따라 동등하게 경제 활동에 참여하고 이에 걸맞은 대우를 받는다. 여성은 고용과 임금에서 남성과 동등한 권리와 기회를 공유한다. 장애인을 포함한 소외여성에 대해서는 별도의 적극적인 지원이 이루어져야 한다.

Ⅰ. 남녀는 시민적 정치적 권리를 동등하게 행사한다. 정치와 공공 부문에 여성이 참여하는 기회를 늘리며, 여성의 정치적 대표성을 높일 수 있는 법적 제도적 장치를 마련한다.

Ⅰ. 남녀는 동등하게 교육받을 기회를 갖는다. 남녀의 역할에 대한 고정 관념을 없애도록 교과 내용을 개선하고, 지식정보 사회를 맞아 여성의 잠재력을 개발할 수 있는 교육 환경을 조성한다.

Ⅰ. 남녀는 평등하고 민주적인 문화를 가꾸어 나간다. 이를 위해, 가정과 직장, 대중매체 등 모든 영역에서 민주적이고 남녀 평등한 의식과 관행을 확립하도록 노력한다. 여성을 향한 모든 형태의 폭력을 없애기 위해 노력한다.

Ⅰ. 남녀는 환경보존과 한반도의 항구적인 평화체제 정착을 위해 함께 노력한다. 남녀평등 사회 실현을 앞당기기 위해 국제적인 연대를 강화한다.

- 2001년 7월 여성부 공표

여학교설시통문

황성신문 1899. 9. 8.

북촌의 어느 여성 군자 세 분이 개명(開明)에 뜻을 가지고 여학교를 설립하려는 통문이 있기에 놀랍고 신기하여 우리 논설을 빼고 아래에 기재하노라.

대개 사물이 극에 달하면 반드시 변하고, 법이 극에 달하면 반드시 고치는 것은 고금에 당연한 이치라. 우리 동방 삼천리 강토와 열성조(列聖朝) 500여 년의 사업으로 태평성대한 세월에 취해 무사히 지내더니, 우리 황제 폐하가 높고도 넓은 덕으로 왕위에 오르신 후에 국운이 더욱 왕성하여 이미 대황제의 지위에 오르셨도다. 그리하여 문명 개화할 정치로 만기(萬機)를 모두 살피시니, 이제 우리 이천만 동포 형제가 성스러운 뜻을 본받아 과거 나태하던 습관은 영구히 버리고 각각 개명한 새로운 방식을 따라 행할 때, 시작하는 일마다 일신우일신(日新又日新)함을 사람마다 힘써야 함에도 불구하고, 어찌하여 한결 같이 귀먹고 눈먼 병신처럼 옛 관습에만 빠져 있는가. 이것은 한심한 일이로다. 혹 이목구비와 사지 오관(四肢五官)의 육체에 남녀가 다름이 있는가. 어찌하여 병신처럼 사나이가 벌어 주는 것만 앉아서 먹고 평생을 깊은 집에 있으면서 남의 제어만 받으리오. 이왕에 우리보다 먼저 문명 개화한 나라들을 보면 남녀 평등권이 있는지라. 어려서부터 각각 학교에 다니며, 각종 학문을 다 배워 이목을 넓히고, 장성한 후에 사나이와 부부의 의를 맺어 평생을 살더라도 그 사나이에게 조금도 압제를 받지 아니한다. 이처럼 후대를 받는 것은 다름 아니라 그 학문과 지식이 사나이 못지않은 까닭에 그 권리도 일반과 같으니 이 어찌 아름답지 않으리오. 슬프도다. 과거를 생각해 보면 사나이가 힘으로 여편네를 압제하려고, 한갓 옛말을 빙자하여 "여자는 안에서 있어 바깥 일을 말하지 말며, 오로지 술과 밥을 짓는 것이 마땅하다(居內而不言外, 唯酒食施衣)"고 하는지라. 어찌하여 사지 육체가 사나이와 같거늘, 이 같은 억압을 받아 세상 형편을 알지 못하고 죽은 사람의 모양이 되리오. 이제는 옛 풍속을 모두 폐지하고 개명 진보하여 우리나라도 다른 나라와 같이 여학교를 설립하고, 각기 여자 아이들을 보내어 각종 재주를 배워 이후에 여성 군자들이 되게 할 목적으로 지금 여학교를 창설하오니, 뜻을 가진 우리 동포 형제, 여러 여성 영웅 호걸님들은 각기 분발하는 마음으로 귀한 여자 아이들을 우리 여학교에 들여보내려 하시거든, 바로 이름을 적어내시기 바라나이다.

9월 1일 여학교 통문 발기인
이소사(李召史)1) 김소사(金召史)

* 〈황성신문〉, 1898년 9월 8일 별보 「오백년유」를 현대어로 고친 것임.

대한독립여자선언서

(1919년 음력 2월, 김숙경 외 7명(간도 애국부인회))

　　슬프고 억울하다 우리 대한동포시여 우리나라 이 반만년 문명역사와 이천만 신성민족으로 삼천리 강토를 족히 자존할 만 하거늘 침략적 야심으로 세계의 공법 공리를 무시하는 저 일본이 추세적 만성으로 조국의 흥망이해를 불고하는 역적을 협동하야 압박수단으로 형식에 불과한 합방을 성립하고 제반 음독한 정치 하에 우리 이천만 형제자매가 노예와 희생이 되어 천고에 씻지 못할 수욕을 받고 모진 목숨이 죽지 못하야 스스로 멸망할 함정에 갇혀서 하루가 일년 같은 지리한 세월이 십여년을 지났으니 그 동안 무한한 고통은 다 말할 것 없이 우리 동포의 마음속에 품은 비수로써 징거할 바로다

　　필부함원에 오월비상이라 하엿거늘 하물며 수천만 창생의 억울 불평한 애소를 지공무사하신 상제께서 통촉하심이 없으리요 고금에 업는 구주(유럽)대전란의 결국에 민본적 주의로 만국이 평화를 주창하는 금일을 당하야 감사하신 남자사회에서 처처에 독립을 선언하고 독립만세 한 소리에 엄동설한의 반도강산이 양춘화풍을 만나 만물이 소생할 시기가 이르럿스니 아모

조록 용력 위에 일층의 용력을 더하고 열성 중에 일도의 열성을 더하야 유시유종하심을 혈성으로 기도하는 바오며 우리도 비록 규중에 생활하야 지식이 몽매하고 신체가 연약한 아녀자의 무리나 국민됨은 일반이오 양심은 한가지라 용력이 절등하고 지식이 고명한 영웅달사도 뜻을 달하지 못하고 억울이 이 세상을 마친 자 허다하건마는 비록 지극히 몽매한 필부라도 성력이 극도에 달하면 반드시 원하는 것을 이루는 것은 소소한 천리라

우리 여자 회에서도 동서를 물론 하고 후생의 모범될 만한 숙녀현원이 허다하건마는 특별히 금일에 우리의 본받을 선생을 들어 말하면 서양 사파달(스파르타)이라 하는 나라에 사리라 하는 부인은 농가에 출생으로 아들 여덟을 나아 국가에 바쳤더니 전장에 나가 승전은 하엿스나 불행이 여덟 아들이 다 전망한지라 부인은 그 참혹한 소식을 듯고 조금도 슬퍼하지 아니하고 춤추며 노래하여 가라대 사파달 사파달아 내 너를 위하야 여덟 아들을 나았다 하며 이태리에 메리야라 하는 부인은 청루 출신으로 이태리가 타국의 절제 하에 있음을 분개히 여겨 재정방침을 연구하며 청년사상을 고취하야 백절불회하는 지기와 신출귀몰하는 수단으로 마침내 독립전쟁을 개시하얏으나 불행하여 열열한 뜻을 다 이루지 못하고 이 세상을 영별할 때에 감은 눈을 다시 뜨고 제군 제군아 국가 국가라는 비장한 유언에 삼군의 격렬한 피가 일시에 끌어 죽기로써 맹세하야 이태리의 독립이 그날로 되엿으며 우리나라 임난(임진왜란) 때에 진주에 논개씨와 평양에 화월씨는 또한 화류계 출신으로 용력이 무쌍한 적장 청정(가등청정)과 소섭(소서행장)을 죽여 국가를 다시 붙든 공이 두 분 선생의 힘이라 하야도 과언이 아니니

우리도 이러한 급한 때를 당하야 겁나의 구습을 파괴하고 용감한 정신을 분발하야 이러한 여러 선생을 본받아 의리의 전신갑주를 입고 신력의 방패와 열성의 비수를 잡고 유진무퇴하는 신을 신고 일심으로 일어나면 지극히 자비하신 하나님이 하감하시고 우리나라 충혼열백이 명명 중에 도우시고 세계만국의 공론이 업지 아니할 것이니 우리는 아모 주저할 것 업스며 두려할 것도 업도다 살아서 독립기하에 활발한 신국민이 되어 보고 죽어서 구천지하에 이러한 여러 선생을 좇아 수괴함이 없이 즐겁게 모시는 것이 우리의 제일 의무가 아닌가 간장에서 솟는 눈물과 충곡에서 나오는 단심으로써 우리 사랑하는 대한 동포에게 엎드려 고하오니 동포 동포여 때는 두번 이르지 아니하고 일은 지나면 못하나니 속히 분발할지어다 동포 동포시여

대한독립만세

기원 사천이백오십이년 이월 일

김인종 김숙경 김옥경 고순경

김숙원 최영자 박봉희 리정숙 등

대한민국애국부인회 취지문

대한민국애국부인회 취지문

고어(古語)에 이르기를, 나라를 내 집같이 사랑하라 하였으니 가족의 집이지만 가족 중 한 사람이라도 제 집을 사랑하지 않으면 그 집이 성립하지 못하고 나라는 국민의 나라이라 국민 중에 한 사람이라도 나라를 사랑하지 아니하면 그 나라를 보존치 못할 것은 우부우부(愚夫愚婦)라도 밝히 알리로다. 개인이 집을 잃어도 이웃집의 수모가 막심하거든 민족이 제 나라를 잃으면 이웃 나라로부터의 수욕(羞辱)이 어찌하리오.

슬프다 나라의 귀함과 민력의 간난(艱難)을 만나 간적(奸賊)과 강린(强隣)이 내외로 핍박하는 시기에 제(在)하여 신세계 신기원을 만들 방침이 어느 곳에 있느냐 할 것 같으면 사람들이 모두 말하기를 애국이라 하나니 과연 욿도다. 그러나 자강력(自强力)을 기르지 못하고 의뢰심을 가지고 앉아서 말만 할 것 같으면 무슨 공으로 이룰까. 어떤 방침으로 나라를 사랑하든지 시초에 고심 노력하여야 필경에 태평 안락할 것은 자연한 이치어니와 차(此)에 위반하여 언론과 행실이 부동(不同)하면 그 목적의 열매를 어떻게 맺으리오. 대저 인민의 근심은 사랑이 독실치 못한 데 있고 약한 데 있지 아니하니 사랑의 도는 극난하도다. 그 정성이 지극치 못하면 첫째 불가요, 그 국체(國體)가 견고치 못함이 둘째 불가요, 그 행함이 진중치 못하면 셋째 불가요, 그 말함이 신실치 못하면 넷째 불가요, 그 회(會)함에 단합치 못하면 다섯째 불가라. 이 다섯 가지 근심이 있으면 사랑의 도가 미진(未盡)하리니 어느 여가에 다시 나라 약함을 근심하리오. 의사가 기술이 정교하지 못함은 근심하지 아니하며 병의 위중함만 근심하면 실로 용렬한 의사이며, 장수가 모략(謀略)에 부족함은 근심하지 아니하고 적의 강성함만 [논함은] 우매한 장수라. 애국하는 인민도 나라의 미약

(羸弱)만 근심하고 사랑의 독실치 못함은 근심하지 아니하면 그 흐르는 폐가 멸(滅)에 이르리니 이와 같이 고유한 의무와 막대한 책임을 잃은 인민이 어느 땅에 설 수 있겠는가.

오호라, 우리 부인도 국민 중의 일분자로 본 회가 설립된 지 수년 이래로 적의 압박을 입어 어떠한 곤란과 어떠한 위험을 무릅쓰고 은근히 단체를 이루며 비밀히 규모를 지켜 장래의 국가 성립을 준비하다가 독립국 곤란 중에 부인도 십(十)에 이(二)가 참가하여 세계의 공안(公眼)을 놀라게 하였으나 이것에 만족함이 아니요, 국권과 인권을 회복하기로 표준삼고 전진하며 후퇴하지 아니하니 국민성 있는 부인은 용기를 함께 분거(奮擧)하여 이상을 상통(相通)할 목적으로 단합을 위주하여 일제히 찬동하심을 천만 위망(爲望)하나이다.

대한민국애국부인회 어붐, 대한민국 원년 9월 20일

"유무식을 물론하고/ 빈부귀천 차별 없이/ 이기심을 다 버리고 국권 확장 네 글자만/ 굳건하온 목적 삼고/ 성공할 줄 확신하며/ 장애물을 개의 말고/ 더욱더욱 진력하며/ 일심 합력하옵시다."[173]

(박용옥, 『김마리아』, 홍성사, 2003, 204-205쪽에서 인용.)

자료5

근우회 회지 창간호(1929. 5)

〈『근우』 표지〉

〈『근우』 강령(2쪽)〉

강령
1. 조선여자의 공고한 단결을 도모함
1. 조선여자의 지위향상을 도모함

근우회 선언, 「근우」, 3-4쪽.

근우회선언

역사 있은 후부터 지금까지 인류사회에는 다종다양의 모순과 대립의 관계가 성립되었다. 유동무상하는 인간관계는 각 시대에 따라 혹은 이 부류에 유리하게 혹은 저 부류에 불리하게 되었나니 불리한 처지에 서게 된 민중은 그 시대의 서름을 한껏 받았다. 우리 여성은 각 시대를 통하여 가장 불리한 지위에 서 있어 왔다. 사회의 모순은 현대에 이르러 대규모화하였으며 절정에 달하였다. 사람과 사람 상에는 인정과 의리의 정열은 최후 잔해도 남지 아니하고 물질적 이욕이 전 인류를 몰아 상벌의 수라장으로 들어가게 했다. 전쟁의 화는 갈수록 참담하여가며 확대하여 가고 빈국과 죄악은 극도에 달하였다. 이 시대의 여성의 지위에는 비록 부분적 향상이 있었다 할지라도 그것은 환상의 일편에 불과하다.

조선에 있어서는 여성의 지위가 일층 저열하다. 미처 청산되지 못한 구시대의 유물이 오히려 유력하게 남아 있는 그 위에 현대적 고통이 겹겹이 가하여졌다. 그런데 조선여성을 불리하게 하는 각종의 불합리는 그 본질에 있어 조선사회 전체를 괴롭게 하는 그것과 연결된 것이며

일보를 진하여는 전세계의 불합리와 의존 합류된 것이니 문제의 해결은 이에 서로 관련되어 따로따로 성취될 수 없게 되었다. 억울한 인류가 다 한가지 새 생활을 개척하기 위하여 분투하지 않으면 안되게 되었으며 또 역사는 그 분투의 필연적 승리를 약속하여 주고 있다. 조선여성운동의 진정한 의의는 오직 이와 같은 역사적 사회적 배경의 이해에 의하여서만 비로소 파악될 수 있는 것이니 우리의 역할은 결코 편협하게 국한될 것이 아니다. 우리가 우리 자신의 해방을 위하여 분투하는 것은 조선사회 전체를 위하여 나아가서는 세계 인류 전체를 위하여 분투하게 되는 행동이 되지 아니하면 안된다 이하 11자 삭제 당함. 그러나 일반만을 고조하여 특수를 망각해서는 안된다. 고로 우리는 조선여성운동을 전개함에 있어서 조선여성의 모든 특수점을 고려하여 여성 따로의 전체적 기관을 갖게 되었나니 이와 같은 조직으로서만 능히 현재의 조선여성을 유력하게 지도할 수 있는 것을 간파하였기 때문이다.

조선여성운동은 세계사정에 의하여 또 조선여성의 성숙도에 의하여 바야흐로 한 중대한 계단으로 진전하였다. 부분 부분으로 분산되었던 운동이 전선적 협동전선으로 조직된다. 여성의 각층에 공통되는 당면의 운동 목표가 발견되고 운동방침이 결정된다. 그리하여 운동은 비로소 광범하게 또 유력하게 발전할 수 있게 되었다. 이 단계에 있어서는 모든 분열정신을 극복하고 우리의 협동전선으로 하여금 더욱 더욱 공고하게 하는 것이 조선여성의 의무이다. 조선여성에게 얼크러 있는 각종의 불합리는 그것을 일반적으로 요약하면 봉건적 유물(가부장제)과 현대적 모순(식민지 자본주의)이니 이 양시대적 불합리에 대하여 투쟁함에 있어서 조선여성의 사이에는 큰 불일치가 있을 리 없다. 오직 반동층에 속한 여성만이 이 투쟁에 있어서 회피 낙오할 것이다. 근우회는 이와 같은 견지에서 사업을 전개하려 하는 것을 선언하나니 우리의 앞길이 여하히 험악할지라도 우리는 일천만 자매의 힘으로써 우리의 역사적 임무를 수행하려 한다. 여성은 벌써 약자가 아니다. 여성은 스스로 해방하는 날 세계가 해방될 것이다. 조선 자매들아 단결하자.

행동강령
① 여성에 대한 사회적·법률적 일체차별 철폐
② 일체 봉건적 민습과 미신타파
③ 조혼폐지 및 결혼의 자유
④ 인신매매 및 공창폐지
⑤ 농민부인의 경제적 이익옹호
⑥ 부인노동의 임금차별 철폐 및 산전산후 임금지불
⑦ 부인 및 소년공의 위험노동 및 야업폐지

**만주의
한인 사회
형성지역**

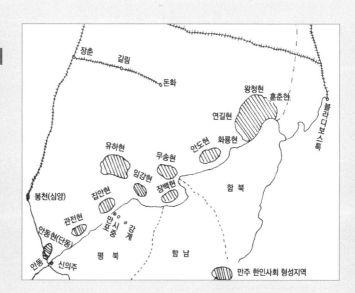

**독립군
활동지역**

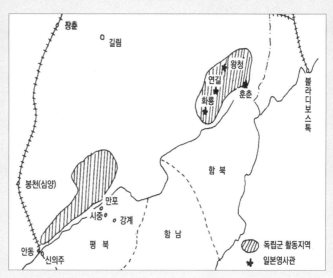

만주 침략 후
독립군 활동지

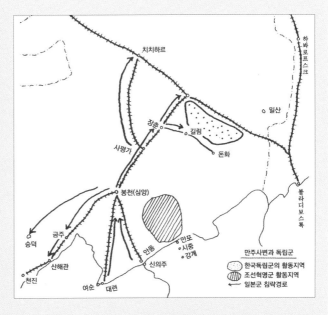

치치하르

하바로프스크

ㅇ 밀산

장춘

ㅇ 길림

사평가

ㅇ 돈화

봉천(심양)

블라디보스톡

금주

승덕

만포
ㅇ 시중
ㅇ 강계

산해관

안동

천진

신의주

여순 대련

만주사변과 독립군
한국독립군의 활동지역
조선혁명군 활동지역
일본군 침략경로

김준엽, 『장정』2, 41, 44, 48쪽에서 인용, 한자를 한글로 바꿈

여성사회주의운동가 연보

유영준(1892-?)

1892년	평남 평양 출생
1908년	정신여학교 졸업
1910-14년	북경여학교에서 공부. 안창호에게 지도받음
1919년	3·1운동참여. 도일 동경여자의학전문학교 등에서 의학 공부. 동경조선여자유학생친목회 참가
1920년 3월	조선여자흥학회 결성, 회장으로 선출됨. 여자계 발간. 지방순회강연단 조직 강연(동경유학생여자강연단)
1923년 12월	동경여자의학전문학교 졸업
1925년	귀국. 일월회 활동, 이화학당·동대문부인병원 등 근무
1927년	근우회 창립준비위원, 임원 활동
1928년	김종칠과 결혼
1934년	여자의학전문학교 설립교섭위원
1937년	경성여자의학전문학교 설립추진재단이사
1938년	경성여자의학전문학교 이사
1944년	부인과 병원 개원
1945년	건국부녀동맹 위원장, 조선부녀총동맹 중앙집행위원장
1946년 2월	민전결성참가 의장단 및 중앙위원으로 선출
1946년 12월	남조선민주여성동맹 위원장, 남조선노동당 중앙위원
1948년 4월	전조선 정당사회단체대표자연석회의 참석 주석단에 선출. 북에 남아 8월 최고인민회의 대의원
1949년 6월	조국통일민주주의전선 결성대회 여맹대표로 참석 중앙상무위원. 각종 활동 후 1960년대 은퇴

정칠성(1897-1958?)

1897년	대구에서 출생
1905년경	8세에 기예공부 이후 기생 금죽(琴竹)이 됨
1915년	상경 한남권번 소속활동
1919년	3.1운동을 계기로 기생을 그만두고 사회활동으로 나아감
1922년	일본 유학. 동경의 영어강습소에서 어학공부, 타이핑 기술익힘
1923년	귀국
1924년	조선여성동우회 집행위원
1925년	다시 동경 유학 삼월회 활동
1927년 이후	신간회와 근우회 활동. 중앙집행위원
1931년	신간회 중앙집행위원, 신간회가 해소된 이후 외부활동 중단
1945년 9월	건국부녀동맹 위원
12월	조선부녀총동맹 중앙집행위원 및 부위원장,
1946년	민주주의민족전선(민전)의 중앙상임위원 겸 조직부 차장
1948년	남조선민주여성동맹 부위원장, 민전 중앙상임위원
1948년 4월	북의 연석회의 참석 후 북에 남음
1948년	최고인민회의 제1기 대의원,
1955년	조선평화옹호전국 민족위원회 부위원장
1956년	민주여성동맹 부위원장, 노동당 중앙위원회 후보위원
1957년	조선민주여성동맹 부위원장
1958년	남로당 숙청시 사망설

정종명(1896-?)

1896년	서울 출생
1906년	배화여학교 입학, 4년 만에 중퇴
1913년	17세 결혼
1915년	19세 아들 홍제 출산, 남편 사망
1917년	세브란스 간호원양성소 입학
1919년 11월	어머니 박정선 만세시위로 검거
1920년	양성소 졸업, 총독부의원의 조산부과 입학
1922년	최성삼 등과 조선여자고학생상조회 조직
1923년	전국순회강연
1924년 말	북풍회 가입, 북풍회 잡지 해방운동기자
1926년	동우회 집행위원, 정우회 상무집행위원
1927년	근우회 창립, 중앙집행위원
1928년	근우회 중앙집행위원장
1929년	신간회 중앙집행위원, 근우회 검사위원
1930년 5월	메이데이 격문살포사건으로 아들 박홍제 실형 언도
8월	오성세와 당준비위 활동.
1931년 4월	조선공산당재건국내공작위원회(혹은재건설준비위원회)사건 관련검거. 3년형.
1934년 5월 2일 매일신보 전향보도	
1935년 7월	출옥
1948년	북조선 민주여성동맹 간부

허정숙(1902~1991)

1902년	서울서 출생. 본적지 명천
1917-19년	배화학당 졸업 후 경도(京都) 평안고등여학원(平安高等女學院), 이화학당 전문부, 일본 간사이학원 입학 중퇴
1920년	귀국, 조선여자교육회활동
1921년경	중국 상해 유학
1922년	조선여자교육협회 활동
1924년	조선여성동우회, 조선여성해방동맹 등 여성단체조직활동.

1925년	동아일보 및 신여성 기자, 조선공산당, 신사상연구회 관여. 11월 신의주사건으로 검거, 석방
1926년 5월-1927년 12월 도미	
1927년 12월	귀국 후 신간회와 근우회 등의 활동에 참여.
1930년	근우회 임원으로 여학생시위관련 검거
1932년	만기 출소
1934년	최창익과 중국 망명
1937년	민족혁명당 등 가입활동
1940년	중국공산당 산하 항일군정대학 졸업. 최창익과 무정이 결성한 조선청년당 등에서 활동
1945년 12월	북으로 귀국.
1946년 5월	조선민주여성동맹 중앙위원
1948년 4월	남북협상에 북측 여성계 대표로 참여. 9월 최고인민회의 1기 대의원, 북측 내각 문화선전상과 보건성 부상
1959년	사법상과 최고재판소 판사 등을 역임. 전남편 최창익 숙청.
1965년 이후	정계에 복귀, 이후 최고인민회의 부의장, 조국통일민주주의전선 중앙위원회 의장 등 역임
1991년	사망

허균(1904-?)

1904년	충남 당진 출생
1919년	천주교 설립 개외학교 3년 수업
1921년	당진양잠전업학교, 결혼
1925년	남편과 오사카에서 자유노동자. 그후 남편과 이혼, 귀국
1928년	고학당 입학
1929년	학자금문제로 자퇴
1930년	근우회 경동지회 설립주도. 집행위원 겸 서무부장
1930년	신간회 경동지회·중앙청년동맹 남부지부·조선여자고학생상조회 집행위원
1931년	조선혁명자동맹과 관련하여 검거되었으나 불기소
1932년	대륙고무 등에서 공장노동자 생활
1933년 1월	치안유지법위반으로 기소유예 5월 철원독서반으로 검거 7월 변홍대와 산별노조조직 시도. 9월 서울고무공장과 종연방직에서 활동(이재유)

1934년 경성	적색노동조합 조직활동으로 검거
1935년 12월	징역 2년형(허균, 이순금, 이경선, 이원봉)
1936년	만기출옥. 이후 공장노동자생활
1945년	조선노동조합전국평의회 상임집행위원, 부인부장.
1946년	민전 결성 참가. 전평 대의원, 부녀부장

박진홍(1914~?)

1914년	함북 명천출생
1928년	동덕여고보 입학
1931년 6월	4학년 재학중 동맹휴학 주도로 퇴학.
	8월 이후 한성제면 등 공장에 취업하여 노동운동
1932년 1월	RS협의회로 피검
1933년 11월	예심면소로 석방
1934년 5월	이재유그룹 당재건준비운동과 관련하여 피검, 곧 석방. 이후 적색노동조합운동
1934년 8월	이재유와 만남.
1935년 1월	심계월집에서 독서회, 적색노동조합사건에 관련 체포. 옥중에서 아들 출산
1936년	치안유지법위반방죄로 1년6개월 선고
1937년 5월	출옥. 7월 이관술과 연계활동으로 재검거되나 9월 기소중지로 석방,
	12월 조선공산당 재건그룹사건으로 피검
1938년 12월	징역1년 언도
1939년 7월	출옥
1941년 말	경성콤그룹으로 피검
1944년 10월	무죄 판결로 석방
1944년 11월	김태준과 중국 연안으로 망명
1945년 9월	연안 출발 11월 서울도착(귀국 도중 아들 출산)
1946년	조선부녀총동맹 문교부장, 조선공산당 부녀부 간부, 민전 사회정책연구위원
1948년	월북. 8월 제1기 최고인민회의 대의원
1949년	김태준 남에서 사형
	박진홍과 김태준 사이의 자녀들은 북에서 혁명가족에서 반혁명가족으로,
	다시 복권되었다는 설이 있음

이순금(1912-?)

1912년	경남 울산 출생
1929년	실천여학교 입학
1930년	동덕여고보로 전학. 반제동맹 동덕여고보 책임자
1932년 3월	동덕여고보졸업. 5월 RS협의회로 검거되었으나 불기소처분
1933년 1월	오르그연구회 참여. 2월 검거되어 3월 기소유예.
	경성고무공장 여공 기반 적색노동조합 조직 시도
1934년 1월	검거
1935년 12월	징역2년 선고
1937년 7월	만기출옥. 출옥 후 운동자금조달협의로 검거
1938년 6월	예심면소
1939년	경성콤그룹 참여
1941년 9월	수배당했으나 소재불명으로 기소중지. 전남 광주 박헌영과 피신,
	경성콤그룹 조직원간 연락활동
1945년	조공재건준비위원회결성에 참여. 조선인민공화국 선동부원,
	12월 조선부녀단체대표자대회소집준비위원회준비위원
1946년	2월 민전결성대회 참가, 중앙위원, 부총 조직부 담당
1947년	월북
1955년	박헌영 재판에 증인

서훈받은 부부독립운동가

(59쌍, 여성 가나다순)

이름	생몰연	출신지	활동계열	훈격	주요활동 및 활동단체
강원신	1887-1977	평남	미주방면	애족장 1995	신한부인회회장, 대한국민회 후원, 임시정부 후원
강영승	1888-1987	평양	미주방면	애국장 2016	대한인국민회 상원지방회원, 샌프란시스코지방회 대의원
강주룡	1901-1932	함북 강계	국내항일	애족장 2007	평양적색노조운동, 고무공장파업주도 을밀대투쟁
최전빈	1906-1923		만주방면	애족장 1995	1921년 만주의용군활동
강혜원	1885-1982	평양	미주방면	애국장 1995	신한부인회조직, 대한인 부인회와 합동, 임정 군자금 지원
김성국	1901-1932	의주	만주방면	애국장 1994	통의부 제6중대 제3소대장, 정의부 군자금모집, 길림의용군
권기옥	1903-1988	평양	중국방면	독립장 1977	동부항공사령부 국민정부 육군참모학교 교관, 항일연구교도, 임정직할부인회
이상정	1896-1947	대구	임시정부	독립장 1977	서북국민부대참모, 국민군 정규군 소장, 임정외교연구위원, 광복군 총사령부
김도연	1894-1987	김화	미주방면	건국포장 2016	대한인여자애국단 맥스웰지부, 맨티카 국어학교 임원, 독립운동자금지원
윤응호	1881-1979	안주	미주방면	건국포장 2015	대동교육회 대동보국회 대한인국민회 새 윌로우스 한인비행사양성소 간사,
김 락	1863-1929	안동	3.1운동	애족장 2001	3.1독립만세운동지원
이중업	1863-1921	안동	국내항일	애족장 1990	파리장서 서명운동, 유림대표로 청원서 전달추진중 병사
김마리아	1903-	서울	광복군	애국장 1990	광복군교관
이범석	1900-1972	서울	광복군	대통령장 1963	북로군정서,서로군정서 신흥무관학교 교관. 청산리전투, 고려혁명군, 광복군
김병인	1915-2012	용강	중국방면	애족장 2017	한국혁명여성동맹창립참여 및 당원
이준식	1900-1966	평남 순천	광복군	독립장 1962	한국광복군 참모, 광복군 제1지대장
김수현	1898-1985	서울	중국방면	애족장 2017	한국혁명여성동맹, 한국독립당 당원
이 광	1879-1966	청주	임정	독립장 1963	신민회 신흥무관학교 경학사 동제사 임정외무위원 임정외무부외교위원
김숙경	1886-1930	함북 경원	만주방면	애족장 1995	혼춘 독립만세운동참여 혼춘대한애국부인회

이름	생몰연	출신지	활동계열	훈격	주요활동 및 활동단체
황병길	1885-1920	함북	만주방면	독립장 1963	이범윤 산포총대, 북로군정서 모집대장, 안중근 최재형등과 독립운동
김순애	1889 1976	장연	임시정부	독립장 1977	신한청년당, 상해 대한애국부인회, 대한적십자회, 의용난 새건한국부인회
김규식	1881-1950	서울	임시정부	대한민국장 1989	신한청년당,임정외무총장, 학무총장 임정 구미위원부 위원장 국무위원, 국무위원회 부주석
김온순	1898-1968	함북	만주방면	애족장 1990	3.1운동 참가, 신한농민당
김광희	1892-1968	함북	만주방면	대통령표창 1963	고려혁명위원회 해외조직부장, 고려혁명당간부, 신한농민당
김우락	1854-1933	안동	만주방면	애족장 2019	경학사, 부민단, 신흥무관학교, 서로군정서 이끌었던 남편 이상룡지원
이상룡	1858-1932	안동	임시정부	독립장 1962	경학사,부민단, 한족회조직 신흥무관학교, 서로군정서
김원경	1898-1981	서울	임시정부	대통령표창 1963	대한민국 애국부인회 임시정부 국무원 참사, 극동피압민족대회 참석
최창식	1892-1957	서울	임시정부	독립장 1983	임시의정원 초대 경기도의원, 상해 대한민국 거류민단 임정 국무원 비서장
금자문자	1903-1926	일본	운동지원	애국장 2018	무정부주의 단체 불령사
박 열	1902-1974	문경	일본방면	대통령장 1989	흑도회,흑우회,, 일황암살계획
김효숙	1915-2003	용강	광복군	애국장 1990	항일선무공작대 공작요원, 광복군
송면수	1910-1950	회양	임시정부	애국장 1992	광복군 제2지대 정훈조장, 한국독립당 중집위원회 상무의원 겸 선전부 주임
노영재	1895-1991	용강	중국방면	애국장 1990	임정요인 지원, 민족혁명당
김붕준	1888-미상	용강	임시정부	대통령장 1989	임시정부수립참여, 임시의정원의장 등 역임, 한국독립당 창당
두군혜	1904-1981	중국	운동지원	애족장 2016	대한민국임시정부 외무부 부원, 한국 구제총회 이사, 『독립』투고
김성숙	1898-1969	철산	임시정부	독립장 1982	3.1운동 , 의열단 선전부장, 조선민족연맹 선전부장. 임정 국무위원
민영주	1922-생존	상해	광복군	애국장 1990	한국광복군 입대, 제2지대 본부전속
김준엽	1920-2011	강계	광복군	애국장 1990	학병으로 광복군 한광반 입대
박원희	1898-1928	서울	국내항일	애족장 2000	여성동우회, 경성여자청년회 집행위원, 중앙여자청년동맹 , 근우회 창립준비위원
김사국	1895-1926	서울	국내항일	애족장 2002	국민대회조직, 조선청년연합회 편집부 위원, 무산자동맹회 동양학원 대동학원

이름	생몰연	출신지	활동계열	훈격	주요활동 및 활동단체
박영숙	1891-1965	강화	미주방면	건국포장 2017	미주 신한부인회, 대한여자애국단 대한인국민회딜라노회원
한시대	1889-1981	해주	미주방면	독립장 1995	하와이신민회, 한인국민회 광복진선 미주 애국단 간부, 재미한족연합위원회
박자혜	1895-1943	서울	국내항일	애족장 1990	병원 동료 동원해 독립만세운동참여 독립지사 연락 및 정보 지원
신채호	1880-1936	청주	계몽운동	대통령장 1962	황성신문 및 대한매일신보 논설, 신민회, 권업회, 동제사, 박달학원,임정의정원위원 조선혁명선언작성
신창희	1906-1990	청원	중국방면	건국포장 2018	민필호 등임정활동지원, 1943년이후 한국독립당원
민필호	1901-1963	서울	임시정부	독립장 1963	동제사, 임정의정원의원, 임정외무차장겸 김구주석판공실장, 임정주화대표단부단장
신순호	1922-2009	청원	광복군	애국장 1990	광복군 입대
박영준	1915-2000	파주	광복군	독립장 1977	한국광복진선위원회 청년공작대 선무공작, 임정간부, 광복군제3지대
신정완	1916-2001	나주	임시정부	애국장 1990	1943년이후 임시의정원 의원
김재호	1914-1976	나주	임시정부	애국장 1990	조선민족혁명당, 임정 의정원 의원, 임정 총무과장
안맥결	1901-1976	강서	국내항일	건국포장 2018	'시정기념일' 만세시위, 흥사단 원동위원부, 수양동우회사건
김봉성	1901-1945	강서	3.1운동	건국포장 2005	선천3.1운동, 미주 흥사단, 수양동우회사건
안혜순	1903-2006	의주	중국방면	건국포장 2019	한인애국부인회 간부, 임정 의뢰 기념전단 인쇄 및 배포
문일민	1894-1968	강서	임시정부	독립장 1962	평남도청폭파, 일인경관사살
양방매	1890-1986	영암	의병	건국포장 2005	1908년 심남일의진 부장인 강무경 부인으로 함께 의진참여
강무경	1878-1910	무주	의병	독립장 1962	1907년 심남일과 호남지방의병기의 수십회 교전끝에 장흥군에서 순국
연미당	1908-1981	여주	중국방면	애국장 1990	한인여자청년동맹,한국광복진선청년공작대, 한국애국부인회조직부장
엄항섭	1898-1962	여주	임시정부	독립장 1989	임정 의정원위원, 청년동맹회 한국교민단 한국독립당, 임시정부선전부장, 주석비서
오광심	1910-1976	평북 선천	광복군	독립장 1977	조선혁명당,조선혁명군,광복진선청년공작대 광복군 제3지대 기밀비서직

이름	생물연	출신지	활동계열	훈격	주요활동 및 활동단체
김학규	1900-1967	평원	광복군	독립장 1962	조선혁명당, 조선혁명군, 민족혁명당 한국광복군 참모, 광복군 제3지대장
오건해	1894-1963	충북	중국방면	애족장 2017	한국혁명여성동맹 한국독립당당원
신건식	1889-1963	청원	임시정부	독립장 1977	동제사가입, 임시의정원 의원, 임시정부 재무부 차장
오영선	1887-1961	양주	중국방면	애족장 2016	한국혁명여성동맹창립, 한국독립당 당원
최형록	1895-1968	평양	임시정부	애족장 1996	한국여성동맹, 한국독립당, 애국부인회 조직, 임시정부 외무부총무과
조소앙	1887-1958	양주	임시정부	대한민국장 1989	임시정부 수립 참여, 임시의정원의원, 외무부장 등, 한국독립당 창당
오항선	1910-2006	황해 신천	만주방면	애국장 1990	김좌진군 부하 무기운반 은닉 연락 책임, 동지 생활 지원
유창덕	1902-1931	평북 선천	만주방면	애국장 1990	신민부 지방간부, 김좌진장군 보좌
오희영	1924-1969	용인	광복군	애족장 1990	한국광복진선청년공작대, 광복군
신송식	1914-1973	평남 안주	광복군	독립장 1963	중국 중앙육군군관학교졸업, 1942.광복군 서안전방 사령부 참령 참모, 서주유격대
윤용자	1890-1964	서울	중국방면	애족장 2017	한국국민당 당원, 한국혁명여성동맹 창립
지청천	1890-1964	서울	광복군	대통령장 1962	신흥무관학교 교성대장, 대한의용군, 고려군관학교 설립, 광복군 총사령관
이국영	1921-1956	청주	임시정부	애족장 1990	한국여성동맹 대의원, 3.1 유치원 교사, 한국독립당원, 임정생계부
민영구	1909-미상	서울	임시정부 광복군	독립장 1963	임정재무부 경리국장, 광복군총사령부상교참모 광복군주계
이성례	1884-1963	미상	미주방면	건국포장 2015	대한여자애국단 맥스웰지부 단장, 재미한족연합위원회, 대한인국민회
이 암	1884-미상	강서	미주방면	애족장 2015	공립협회 회원, 대한인국민회 리버사이드 대표원, 클래몬트지방회 총무 법무
이숙진	1900-미상	중국	운동지원	애족장 2017	한국국민당 당원, 한국혁명여성동맹 창립, 한국독립당
조성환	1875-1948	서울	임시정부	대통령장 1962	일본총리 桂太郞 암살시도, 북로군정서 군사부장, 외교위원장, 임정국무위원
이순승	1902-1994	양주	중국방면	애족장 1990	상해망명해 조국광복운동 참가, 한국혁명여성동맹조직, 한국독립당
조용원	1899-1979	청송	국내항일	대통령표창 2009	독립운동 표방한 우치교 활동, 자금과 교도 모집

이름	생몰연	출신지	활동계열	훈격	주요활동 및 활동단체
이애라	1894-1922	아산	만주방면	독립장 1962	독립운동, 간도 동포와 독립운동가 찾아 밀서 가지고 입국 시도, 발각되어 참살
이규갑	1888-1970	아산	임시정부	독립장 1962	국민대회 중앙대표, 임시정부 의정원 충청도의원, 임시정부 의정원
이은숙	1889-1979	공주	중국방면	애족장 2018	신흥무관학교 설립, 독립운동가 활동 지원, 자금 지원,이회영활동지원
이회영	1867-1932	서울	만주방면	독립장 1962	신민회 간부, 신흥강습소 설립, 군사훈련 실시, 경학사 조직
이의순	1895-1945	함남 단천	중국방면	애국장 1995	이동휘차녀 명동여학교 교사 러령부인회 회장 상해한인여성동맹
오영선	1886-1939	경기 고양	임정	독립장 1990	임시의정원 의원 임정국무원 비서장, 국무원, 법무총장, 군무부장, 외무부장
이인순	1893-1919	함남 단천	만주방면	애족장 1995	이동휘 장녀, 교사로 활동하며 여자교육에 헌신
정창빈	미상-1920	함경도	만주방면	대통령표창 1995	신민회 가담, 화동학교 교사, 이동휘독립운동 지원
이혜련	1884-1969	강서	미주방면	애족장 2008	독립운동자금 지원, 미주 부인친애회 대한여자애국단
안창호	1878-1938	강서	임시정부	대한민국장 1962	공립협회, 신민회, 대성학교 흥사단, 임정 내무총장 노동국 총판, 국민회운동
이화숙	1893-1978	서울	임시정부	애족장 1995	임정 국무원 참사, 대한적십자회 상의원 상해 대한애국부인회 회장
정양필	1893-1974	충북청원	미주방면	애족장 1995	한인소년병 학교 한성정부의 평정관 대한인국민회 디트로이트 지방총회
임수명	1894-1924	충북진천	의열투쟁	애국장 1990	통의부 군사위원장 겸 사령관 신팔균 장군(남편)을 도와 독립운동
신팔균	1882-1924	충북진천	만주방면	독립장 1963	신흥무관학교교관, 통의부 군사위원장 겸 사령관 봉천성전투서전사
전월순	1923-2009	상주	광복군	애족장 1990	조선의용대 공작활동, 광복군
김근수	1912-1992	진양	광복군	애국장 1990	조선의용대 대적선전공작 및 항일투쟁, 광복군 특파공작원
정정화	1900-1991	충남 연기	중국방면	애족장 1990	임시정부 김구 이동령 도움, 한국여성동맹, 재건한국애국부인회
김의한	1900-미상	서울	임시정부	독립장 1990	대동단 한인청년동맹, 임정 선전위원회, 한국독립당 광복군조직훈련과장
정현숙	1900-1992	경기 용인	중국방면	애족장 1995	한국혁명여성동맹원, 한국독립당

이름	생몰연	출신지	활동계열	훈격	주요활동 및 활동단체
오광선	1896-1967	경기 용인	만주방면	독립장 1962	낙양군관학교 교관 동북항일한중연합군 독립군 대대장, 광복군
조순옥	1923-1973	연천	광복군	애국장 1990	광복군 총사령부 입대
안춘생	1912-2011	황해도	광복군	독립장 1963	일본군 상해침공시 인상항 등 전투 참여, 상해 거사 한국광복군 주령지대장
조화벽	1895-1975	양양	3.1운동	애족장 1990	호수돈여학교 3.1시위주도,
유우석	1899-1968	천안	3.1운동	애국장 1990	3.1운동, 항일투쟁
차경신	미상-미상	평북 선천	만주방면	애국장 1993	부인회 간호대 조직, 대한청년단연합회 총무 재무 군자금모집
박재형	1889-1967	평남	미주방면	애족장 2017	공립협회, 대한인국민회
차인재	1895-1971	수원	미주방면	애족장 2018	수원의 구국민단, 대한인국민회맥스웰회, 대한여자애국단, 재미한족연합위원회
임치호	1880-미상	경기 남양	미주방면	애족장 2018	공립신보, 국민회, 대한인국민회,윌로우스 비행사양성소 간사,
최갑순	1898-1990	함남 정평	국내항일	애족장 1990	조선독립애국부인회 동부회장 군자금모집
송세호	1893-1970	선산	국내항일	애국장 1991	임시의정원 국무원 재무부위원, 청년외교단 조직, 이강탈출운동
최선화	1911-2003	인천	임시정부	애국장 1991	한국혁명여성동맹 재건한국애국부인회,
양우조	1897-1964	강서	임시정부	독립장 1963	재미흥사단, 한독당 중앙훈련부장 역임, 임정생계부차장,광복군총사령부참사
최혜순	1900-1976	광주	임시정부	애족장 2010	상해한인각단체연합회 회계, 임시의정원 전라도의원, 상해한인애국부인회
김 철	1886-1934	함평	임시정부	독립장 1962	신한청년당, 임정의정원의원, 임정 교통부차장 의용단, 교민단, 국무위원
한도신	1895-1986	평남 대동	중국방면	애족장 2018	평양만세운동태극기제작, 임정요원은닉처 제공, 평남도청 폭탄 운반
김예진	1898-1950	평남 대동	중국방면	독립장 1962	3.1운동참가, 의용단 서무부장, 일신청년단 결사대조직 평남도청 폭파
허 은	1909-1997	안동	만주방면	애족장 2018	서로군정서 회의 조석 조달, 군복 배급
이병화	1906-1952	안동	만주방면	독립장 1990	통의부 가입, 의주부 경찰주재소 습격 순사살해
홍매영	1913-1979	평북 박천	중국방면	건국포장 2018	한국독립당 당원, 유한책임한국광부군군관소비합작사 사원
차이석	1881-1945	평북 선천	임정	독립장 1962	신민회. 1911년 사내총독 암살사건 3년형 한국독립당, 임시의정원의원 임정국무위원

* 이 표에 수록하지 못한 부부독립운동가를 조사하여 보완할 것임

여성광복군 명단

이름	출생	소속	이전경력	가족관계	비고
김상엽		1지대	조선의용대	김두봉 녀	
김정숙	1916	총사령부		김붕준 녀	창설요원
김효숙	1915		항일선무공작대	송면수 부인	
민영주	1923	2지대		민필호 녀	창설요원
박기은	1925	3지대			
사중득		2지대3구대			
신순호	1922		광복진선청년공작대	신건식 녀	창설요원
신정숙	1910	2지대3구대	징모3분처	송진표 부인	본명 봉빈
오광심	1910	3지대	광복진선청년공작대	김학규 부인	창설요원
오희영	1924	3지대	광복진선청년공작대	오광선 녀	
유상현		2지대3구대	여고교원		
이월봉	1915	2지대1구대	한국청년전지공작대		
임소녀	1908	2지대2구대			
장경숙	1904	2지대2구대			
조순옥	1923	2지대1구대		조시원 녀	창설요원
최동선		1지대		최석순 녀	
지복영	1920	징모6분처	광복진선청년공작대	지청천 녀	창설요원

한국애국부인회 재건션언

경애하난 동포 여러분!

전 세계 반패시스트 대전의 최후 승리와 우리 원수 일본뎨국주의는 결뎡적 패망이 바야흐로 우리 눈 압헤 박도하고 잇는 위대한 력사적 신시긔에 잇어 우리 민족 해방의 광영스러운 력사와 전통을 가진 한국애국부인회의 저 건립을 중국항전 수도 중경에서 전세계를 향하야 우렁차게 고함치노라!
……

본회는 二十五년전 三一혁명의 위대한 류혈투쟁중에서 산생한 우리 력사상 신긔원인 부녀의 혁명단체이엇고 또 민족정긔의 뿌리이엇다

그러나 三一운동 후 十수년 간에 우리운동은 국제적으로나 국내적으로나 너무도 악렬하고 조해하려는 조건이 구비하야 엇절 수 업시 본회는 국내에서 근우희 등 혁명여성단체를 비롯하야 남북만주의 무장운동과 배합하야 씩씩하게 닐어나는 녀성들과 전후하야 비참하게도 긔발을 내리우고 간판을 떼어 쓸아린 가슴에 품고 피눈물을 뿌리면서 시긔를 고대하고 잇엇던 것이다

그런데 오날 우리 졍세는 변하얏다 지금 우리 민족 해방운동은 공전의 혁명고조를 타고 활발하게 전개하게 되엿다 三十여개 동맹국이 모다 우리의 우군이 되여 원수 일본을 타도하고 잇다 졍히 이러한 시긔에 잇어서 림시정부 소재지에 잇난 혁명 녀성들은 당파별이나 사상별을 뭇지 안코 一치단결하야 애국부인회를 재건립함으로써 국내와 세계 만방에 산재한 우리 一쳔五백만 애국녀성의 총단결의 제一성이며 三천만 대중이 쇠와 갓치 뭉치어서 원수 일본을 타도하고 대한 독립과 민족 해방 완성에 제一보를 삼으려 한다

경애하난 동지 여러분!

이러한 사업을 성공하려면 젹지안은 곤난이 잇을 것을 예상한다 그러나 제위 션배의 현명한 지도와 혁명동지 동포들의 열렬한 성원 하에서 본회 회원 전체들이 목표를 위하야 불굴불해하는 정신으로 국가 독립과 민족 해방의 길로 매진하면 최단긔 내에 우리의 혁명은 완성되리라고 믿고 쓸어졋든 본회의 긔발을 다시 반공에 긔운차게 날닌다

대한민국 二十五년 二월 일

한국 애국부인회

본회의 집행간부는 좌와 같음

주석 김순애(문숙)

부주석 방순희

서무부 주임 최소정(션화)

조직부 주임 연미당

훈련부 주임 정정화

션전부 주임 김운핵

사교부 주임 권긔옥

재무부 주임 강영파

(출전 『新韓民報』 1943년 6월 3일)

(사) 항일여성독립운동기념사업회

본 회는 일제 강점기, 빼앗긴 나라를 되찾기 위해 일제에 항거했던 수많은 항일여성독립운동가들에 관한 역사적 사실과 인물을 발굴하여 알림으로써 자랑스러운 대한민국의 역사를 후대에게 물려주고 그들 독립운동가들의 애국애족정신을 계승하고자 한다. 이같은 본 회의 목적과 활동은 우리 겨레가 지향하는 자주통일과 세계평화, 남녀평등에 이르는 징검다리가 될 것이다.

주요 연혁

2020년
- **제3회 항일여성독립운동가 추모문화제** : 랩, 독백 대회, 초상화 및 시나리오 공모전
- 연극 여명 1919 공연
- 국내 유적지 답사 : 항일에서 통일로
- 국제심포지엄 : 3.1혁명 이후 중국과 만주의 항일여성독립운동
- 도서 출판 항일여성 (출판사) 등록
- **항일여성독립운동가 초상화 미주 순회 전시(필라델피아, 뉴욕, 워싱턴)**
- **배화여고 만세시위 100주년 기념 항일독립운동여성상 '혁명전야' 건립**

2019년
- 3.1혁명 100주년과 창립 5주년 기념식
- **2.8독립선언과 3.1혁명 100주년 기념 항일독립운동여성상 '혁명 전야' 제막(배재어린이공원)** '오늘 그들 여기에' 초상화전
- (사)항일여성독립운동기념사업회 광주전남지회 발족 (2019.02.)
- **세미나 〈2.8독립선언과 항일여성〉** 충청남도 항일독립운동여성상 '혁명전야' 건립 (홍성 홍예공원)
- 울릉도-독도 답사 〈항일여성 독립군의 기상과 얼 대한민국의 땅 독도에 새기노라!〉
- **제2회 항일여성독립운동가 추모문화제**
- 국제 심포지엄 : 〈항일여성독립운동에 대한 회고와 전망〉
- 세미나 〈부부독립운동가의 사랑과 투쟁 그 첫 번째 이야기-박차정, 김원봉〉
- 세미나 〈근우회와 항일여성독립운동〉
- **중국 동북지역 항일여성독립운동가 자료조사 및 국외네트워크 교류사업**
- 토론회 〈항일여성독립운동가 이화림지사를 통해서 본 서훈 방향〉
- 세미나 〈서대문형무소 여성수감자와 항일투쟁〉
- 항일여성독립운동가 도록 제작 : 오늘 그들 여기에
- 달력 제작 〈여성광복군〉을 만나다

2018년
- 이사장 김희선, 신임 대표 송형종 선임.
- 토크 콘서트 〈미스터션샤인이 사랑한 여성의병장〉
- **제1회 항일여성독립운동가 추모문화제** : 항일역사 랩, 독백대회 및 시나리오 공모전 주제 연극 〈1919 세상을 바꾸기 위한 과정의 기록 공연〉
- 항일여성독립운동가 추모 초상화 및 역사화 전시
- 국제 심포지엄 : 3·1혁명 · 대한민국임시정부 · 항일여성독립운동
- (사)항일여성독립운동기념사업회로 명칭 변경
- 토론회 〈묻혀진 항일여성독립운동가를 재조명한다〉

- 항일여성독립운동기념사업회창립 4주년 기념행사
- **3.1혁명 99주년 기념 유.무명 항일여성독립운동가 초상화 전시 및 공연**
  "오늘 그들 여기에"
- 세미나 〈3.1혁명 100주년 어떻게 기억할 것인가〉
- 만주 독립항쟁 역사유적지 답사 및 국외네트워크 교류사업
- 여성독립운동가 달력 제작

2017년
- **(사)여성독립운동기념사업회 보훈처 소속 사단법인 등록**
- **광복 72주년 기념 항일여성독립운동가 추모 대행진 : 〈3.1혁명에서 8.15광복에 이르기까지〉**
  (광화문 시민광장)
- 기획강좌 : 대륙을 휘날리던 항일여성혁명가들
  (주세죽, 박차정, 김알렉산드라, 김명시, 이화림, 허정숙)
- 독립운동가 후손 구술 채록

2016년
- 3.1. 여성독립운동기념사업회창립 3주년 기념행사(초상화 전시)
- **여성독립운동 선열 추모 헌공차례(제3회)**
- **8.15 광복 기념행사 〈왜놈대장 보거라! 우리의 자유를〉(서대문형무소역사관)**
- 강좌 〈누가 이 여인을 아시나요〉(김알렉산드라, 이화림, 주세죽, 허정숙)
- 특강 〈김명시 여장군을 그리다〉
- 경남 밀양, 안동 국내 유적지 답사 : 박차정 의사 묘소 참배 등

2015년
- 이사 이주한. 북콘서트 〈위험한 역사 시간〉
- 소식지 〈항일여성〉 창간호 발간
- 3.1. 여성독립운동기념사업회 2주년 및 3.1혁명 기념식 : 돌아온 이름들
- 독립운동가 어록(본회 사무실 외벽) 현수막 전시
- **광복 70주년 기념 〈대한독립만세〉 플래시 몹(탑골공원)**
- 강좌 〈한국현대사의 민낯〉
- 강원도 춘천 윤희순 지사 유적지 답사
- 독립운동가 후손 차영조 선생 구술 녹취
- **광복 70주년 기념 강좌 〈3.1혁명의 정명 찾기〉**
- 기념 특강 〈백범일지에도 빠진 여성독립운동가 이화림을 말한다〉

2014년
- 한국 여성독립운동사 강좌 〈가자! 여성독립운동광장으로〉
- 공부모임 '다독' 조직
  * 사업 및 활동 계획 기획위원회 구성
- **여성독립운동기념사업회창립 (2014. 3. 1) (초대 김희선 회장)**
- 발기인대회

(사) 항일여성독립운동기념사업회 서울특별시 동대문구 왕산로 53, 402호(사숙재회관)
전　화 : 02-924-0660 / 팩스 : 02-924-0670
메　일 : herstory@herstorykorea.org
홈페이지 : herstorykorea.org

글쓴이

신영숙　항일여성독립운동기념사업회 연구소장
　　　　　이화여자대학교 이화사학연구소 연구원
　　　　　저서 : 『여성이 여성을 노래하다』, 늘품 플러스, 2015.
　　　　　『항일여성의 꿈과 사랑을 노래하다』, 롤링북스, 2018(전자책)
　　　　　공저 : 『글로벌시대에 읽는 한국여성시』, 사람의 무늬, 2016.

강정숙　항일여성독립운동기념사업회 이사
　　　　　성균관대 동아시아역사연구소 객원연구원
　　　　　저서 : 『한국사』50(공저), 국사편찬위원회, 2001.
　　　　　『일본군'위안부', 알고 있나요?』, 한국독립운동사연구소, 2015.
　　　　　『덧칠된 기록에서 찾은 이름들』(공저), 일본군'위안부'문제연구소편, 2019.

이숙화　한국외국어대학교 강사
　　　　　한국외국어대학교 역사문화연구소 초빙연구원
　　　　　저서 : 『3.1운동100주년총서』(공저), 휴머니스트, 2019.
　　　　　『East and West as Centers in the Centerless World』(공저),
　　　　　東京:OKURA INFO SERVICE, 2019.
　　　　　논문 : 「1920년대 大倧教세력과 北滿洲지역 독립운동」, 『한국독립운동사연구』 62집, 2018.

이선이　경희대학교 인문학연구원 전임연구원
　　　　　저서 : 『딩링: 중국여성주의의 여정』, 한울, 2015.
　　　　　역서 : 『일본군 중국침략 도감: 일본군 '위안부'와 성폭력』, 늘품플러스, 2017.
　　　　　논문 : 「차이창(蔡暢)의 부녀해방 사상에 대한 일고찰
　　　　　　　- 국가건설기(1940년대~ 50년대)를 중심으로」, 2020 .

이종민　연세대학교 사회발전연구소 전문연구원
　　　　　공저 : 『地域社會から見る帝国日本と植民地』思文閣出版, 2013.
　　　　　역서 : 『일본의 조선식민지지배와 경찰』, 경인문화사, 2020.
　　　　　논문 : 「태평양전쟁 말기의 수인동원 연구(1943~1945)」, 2017.

강영심　이화여자대학교 이화사학연구소 연구원
　　　　　역사 · 여성 · 미래 교육문화위원회 위원장
　　　　　저서 : 『신규식-시대를 앞서간 민족혁명의 선각자』, 역사공간, 2010.
　　　　　역서 : 『근대역사교과서 4 -초등대한역사·초등대한력사·초등본국역사』, 소명출판, 2011.
　　　　　공저 : 『1910년대 국외항일운동2-중국,미주,일본』, 독립기념관 독립운동사연구소, 2009.
　　　　　　　『되살아나는 여성』, 도서출판 여이연, 2019.